Alex Tiefenbacher, Luca Mondgenast

CO_2-Ausstoß zum Nulltarif

Alex Tiefenbacher
Luca Mondgenast

CO_2-Ausstoß zum Nulltarif

Das Schweizer Emissionshandelssystem und wer davon profitiert

Rotpunktverlag

Der Verlag bedankt sich beim A-Bulletin Fonds
für die Unterstützung dieses Buchs.

Der Rotpunktverlag wird vom Bundesamt für Kultur
mit einem Strukturbeitrag für die Jahre 2021 bis 2024
unterstützt.

www.rotpunktverlag.ch

Illustrationen inklusive Umschlagbild sowie Grafiken:
Luca Mondgenast

Lektorat: Mirella Mahlstein

Korrektorat: Jürg Fischer

Gestaltung und Satz: Patrizia Grab

Autorinnenfoto Alex Tiefenbacher: Christiane Ludeña

Autorenfoto Luca Mondgenast: Luca Mondgenast

Druck und Bindung: Friedrich Pustet, Regensburg

ISBN 978-3-03973-023-0

1. Auflage 2024

Dieser Titel ist auch als E-Book erhältlich.

Inhalt

Vorwort

Mehr als einmal haben wir uns während der Recherche für dieses Buch gedacht: Das kann doch nicht sein, irgendetwas verstehen wir falsch, irgendwas übersehen wir. Aber nein. Im Nachhinein hat sich in vielen Fällen herausgestellt, dass wir die Sachlage durchaus richtig verstanden hatten. Wir hatten lediglich die Absurdität des Emissionshandelssystems (EHS) unterschätzt. Falls auch Sie im Laufe der folgenden Seiten an einen Punkt kommen, an dem Sie denken: Das ist unmöglich!, empfehlen wir Ihnen: Zweifeln Sie nicht an sich selbst, sondern vor allem am System. Denn so einiges am Emissionshandelssystem scheint unglaublich, ist aber trotzdem wahr.

In der Theorie zielen verpflichtende staatliche Emissionshandelssysteme darauf ab, die CO_2-Emissionen der energieintensivsten Industriebetriebe marktwirtschaftlich zu regulieren und zu begrenzen. Dabei müssen die teilnehmenden Unternehmen für ihren Treibhausgasausstoß Berechtigungen vorweisen. Der Staat verteilt diese Emissionsrechte zum Teil kostenlos. Zudem können sie bei staatlichen Auktionen ersteigert, mit anderen Firmen direkt gehandelt und an Börsen gekauft werden. Die maximale Menge Emissionsrechte, die so jährlich auf den Markt kommt, und damit der jährliche Gesamtemissionswert, wird im Vorfeld vom Staat festgelegt und schrittweise reduziert. Das EHS ist eines von verschiedenen Instrumenten, um nationale Klimaschutzziele zu erreichen und internationale Verpflichtungen aus dem Übereinkommen von Paris von 2015 einzuhalten.

Das Emissionshandelssystem wird sich unter den vielen Maßnahmen zur Reduktion von Treibhausgasemissionen auf jeden Fall zu einem der wichtigsten politischen Instrumente im Kampf gegen die Klimakrise entwickeln, denn die Europäische Union (EU) setzt voll und ganz darauf. Sie wird das europäische EHS einerseits umfassend reformieren, andererseits auf weitere Wirtschaftssektoren ausdehnen. Und da der Schweizer Emissionshandel mit dem europäischen System verknüpft ist, wird auch der Schweiz kaum etwas anderes übrigbleiben, als mitzuziehen. Umso wichtiger wäre es, dass die darin abgewickelten Klimadeals transparent dokumentiert, analysiert und kommuniziert werden. Das ist bis heute jedoch nicht der Fall.

Deshalb stellen sich zahlreiche Fragen: Konnte das Schweizer Emissionshandelssystem die CO_2-Emissionen in den letzten Jahren überhaupt senken? Können wir mit diesem System bis 2050 Netto-Null erreichen? Wie viel mussten die EHS-Firmen für ihre Emissionen tatsächlich bezahlen? Wir versuchen, diese und weitere Fragen im vorliegenden Buch erstmalig detailliert zu beantworten. Dafür haben wir uns die Emissionszahlen für jede einzelne EHS-Firma in der Schweiz von 2013 bis 2020 genau angeschaut.

Die Verschmutzung des Klimas muss kosten. Darin sind sich heute eigentlich alle einig. Nur wenn unsere Atmosphäre nicht mehr als Gratismüllhalde für unsere Abgase herhalten muss, werden wir vielleicht beginnen, unser Wirtschaftssystem grundlegend umzukrempeln. Für eine tiefgreifende Dekarbonisierung braucht es deshalb klare Preissignale. Während Privatpersonen und die meisten kleinen und mittleren Unternehmen (KMU) in der Schweiz dieses Preissignal über die CO_2-Lenkungsabgabe erhalten, wäre im Bereich der Schwerindustrie das Emissionshandelssystem dafür zuständig, den emittierten Treibhausgastonnen einen Preis zu geben.

Für die schlimmsten Umweltverschmutzer gab es darin allerdings Emissionsrechte zum Nulltarif. Einige Konzerne konnten sich dank der Teilnahme am EHS sogar bereichern. Alles in allem entgingen dem Staat in der vergangenen EHS-Handelsperiode dadurch Einnahmen in Milliardenhöhe. In der Praxis war das EHS bis jetzt ein lukrativer Spezialdeal, und das auch noch für die Konzerne mit den schweizweit höchsten Emissionswerten. Wieso hapert es beim Emissionshandelssystem? Weshalb scheitert das System seit Jahren daran, der global aufgestellten Schwerindustrie für das Zerstören des Planeten einen Preis zu setzen?

Schließlich ist es nicht nur ein klimapolitisches Problem, wenn gerade die größten Klimaverschmutzer für ihre CO_2-Tonnen weniger tief ins Portemonnaie greifen müssen als Privatpersonen und KMUs, sondern auch ein Gerechtigkeitsproblem. Die notwendigen Anpassungen zur Bekämpfung der Klimakrise werden kosten. Deshalb stellt sich ganz grundlegend die Frage, wer wie viel zahlt. Schafft es die Politik nicht, die finanziellen Lasten der Klimakrise zumindest annähernd fair zu verteilen, ist eines sicher: Das sich erhitzende Klima wird uns nicht nur bezüglich Infrastrukturumbau oder Unwetter vor große Herausforderungen stellen, sondern sich vor allem zu einer massiven Gefahr für den sozialen Frieden entwickeln.

Die hauptsächliche Recherche und die meisten Berechnungen, die diesem Buch zugrunde liegen, haben wir zwischen März 2022 und März 2023 für eine Artikelserie im Onlinemagazin *das Lamm* durchgeführt. Für das vorliegende Buch wurden alle Artikel substanziell überarbeitet und in wesentlichen Teilen ergänzt, die erhobenen Daten nachgeprüft und wo sinnvoll aktualisiert. Die Überarbeitung haben wir im Dezember 2023 abgeschlossen.

EHS-Zertifikat
1000

Einleitung

Spezialdeal Emissionshandelssystem: die Regeln

Monopoly, Siedler von Catan oder Age of Empires – wenn man sich mit dem Emissionshandelssystem (EHS) befasst, fühlt man sich an eines der großen Strategiespiele erinnert. Und damit liegt man gar nicht so falsch. Das EHS ist am Ende nichts anderes als ein riesiges, staatlich inszeniertes Planspiel, um einen neuen Markt zu schaffen, auf dem ein dreckiges Gut gehandelt wird: das Recht, CO_2* auszustoßen. Nur dass es bei diesem Spiel für die Menschheit am Schluss wenig zu gewinnen, aber alles zu verlieren gibt. Denn beim EHS geht es um nichts weniger als die Sicherung unser aller Lebensgrundlagen. Kurzfristig sieht die Rechnung für ein paar wenige Konzerne indes anders aus. Das einleitende Kapitel beinhaltet die notwendigen Hintergrundinformationen und gibt einen Überblick über die Regeln, die in diesem durchaus matchentscheidenden Spiel gelten.

Die Entwicklung einer Idee

Menschliche Aktivitäten wie die Verbrennung fossiler Brennstoffe, die Viehhaltung und die Rodung von Wäldern erhöhen die in der Atmosphäre vorkommenden Treibhausgase wie Kohlendioxid, Methan oder Lachgas enorm und führen zur globalen

* CO_2 wird in diesem Buch als Synonym für CO_2-Äquivalente verwendet. Mitgemeint sind die Emissionen von anderen Treibhausgasen wie Methan oder Lachgas mit ihrer in CO_2-Äquivalente umgerechneten Klimawirksamkeit.

Erwärmung mit all ihren negativen Folgen. Wichtige Klimaschutzmaßnahmen setzen deshalb bei der Reduktion der Treibhausgasemissionen an. Verbindliche Reduktionsziele wurden für Industriestaaten von der Staatengemeinschaft unter der Schirmherrschaft der Vereinten Nationen (UN) erstmals 1997 im Kyoto-Protokoll vereinbart. Es trat 2005 in Kraft. Die Reduktionsverpflichtungen lagen bei durchschnittlich 5,2 Prozent gegenüber dem Stand von 1990 für den Zeitraum von 2008 bis 2012, wobei die Zielvorgaben für die einzelnen Länder stark variierten.[1] Die Schweiz verpflichtete sich zu einer Reduktion von 8 Prozent.[2] Doch noch vor dem Start der ersten Kyoto-Periode nahm Präsident Georg W. Bush die USA aus dem Kyoto-Prozess heraus, weil laut seiner Argumentation die Industriestaaten unter dem Protokoll eine zu große Last zu tragen hätten.

An der Klimakonferenz im südafrikanischen Durban 2011 einigten sich die Vertragsstaaten auf eine Fortführung des Kyoto-Protokolls. Die Verlängerung mit einer zweiten Verpflichtungsperiode von 2013 bis 2020 sowie die neuen Emissionsminderungsziele für die teilnehmenden Länder wurden an der darauffolgenden Konferenz in Doha 2012 entschieden. 2020 wurde das Kyoto-Protokoll durch das Übereinkommen von Paris von 2015 abgelöst. Damit wurden für die Zeit nach 2020 erstmals alle Staaten, also nicht nur Industriestaaten, sondern auch die sogenannten Entwicklungsländer, zur Reduktion der Treibhausgasemissionen verpflichtet. Wie viel jedes einzelne Land aber genau zu den gemeinsam vereinbarten Zielen beitragen muss, konnte unter den Regeln von Paris, anders als unter dem Kyoto-Protokoll, bislang nicht definiert werden. Vielmehr funktioniert das Pariser Klimaabkommen wie eine Hutsammlung: Die UN gehen herum, und jedes Land wirft so viel in die Kollekte, wie es ihm angemessen erscheint.

Zählt man das, was die Länder bis dato an Reduktionen versprochen haben, zusammen, genügt die Summe jedoch nicht, um das Pariser Klimaziel zu erreichen – die Begrenzung der Erderwärmung auf deutlich unter 2 Grad und wenn möglich sogar unter 1,5 Grad.[3] Gemäß dem *Emissions Gap Report 2023,* der vor der Klimakonferenz in Dubai von den UN veröffentlicht wurde, steuert die Welt mit den aktuellen Klimaversprechen auf eine Erwärmung von 2,5 bis 2,9 Grad hin.[4] Das Problem sind aber nicht nur die zu tiefen Reduktionsversprechen der Länder. Auch zwischen dem, was die Länder zusagen und dem, was sie dann tatsächlich umsetzen, klafft eine Lücke.

Um den Verpflichtungen aus dem internationalen Übereinkommen von Paris nachzukommen und auch um nationale Klimaschutzziele zu erreichen, genügen schön klingende Reduktionsversprechen nämlich nicht. Die Versprechen müssen auch umgesetzt werden. Dafür sind verschiedene Instrumente entwickelt worden. Eines davon ist das Emissionshandelssystem.

Das EHS gehört zu den sogenannten marktbasierten Klimaschutzinstrumenten. Es funktioniert nach dem sogenannten »cap and trade«-Prinzip. Dabei definiert die Politik, wie viele Tonnen CO_2 maximal in einem Jahr ausgestoßen werden dürfen. Diese als »Cap« bezeichnete Obergrenze wird jährlich um einen fix definierten Faktor reduziert. Das Endziel dabei ist, dass der Cap auf Null sinkt und es dementsprechend keine Treibhausgasemissionen mehr gibt.

Die EHS-Teilnehmer müssen jedes Jahr ihre Emissionen mit Emissionsrechten decken. Sie müssen also für jede ausgestoßene Tonne Treibhausgase eine Bewilligung abgeben. Einen Teil der Emissionsrechte erhalten sie gratis zugeteilt, ein Teil wird vom Staat an regelmäßig stattfindenden Auktionen versteigert. Zudem sind die Emissionsrechte frei handelbar (Trade). Sie können also zur Deckung der eigenen Emissionen verwendet oder auch an andere EHS-Teilnehmer verkauft werden.

Durch Angebot und Nachfrage entsteht der Preis für die Emissionszertifikate. In der Theorie soll die unsichtbare Hand des Markts so aufspüren, wo CO_2 am kostengünstigsten reduziert werden kann. Was in der Theorie einfach klingt, benötigt in der Praxis ein Regelwerk, bei dem man schnell den Überblick verlieren kann, und das viel Raum für Hintertürchen und Lobbyarbeit bietet.

Die Idee, Umweltverschmutzung dadurch in den Griff zu bekommen, einen fiktiven Markt für Verschmutzungsrechte zu entwerfen, entstand ursprünglich in Nordamerika. So führten die USA in den 1990er Jahren zur Bekämpfung des sauren Regens ein Emissionshandelssystem für den Ausstoß von Schwefeldioxid und Stickoxiden ein. Diese Maßnahme hatte damals jedoch noch nicht per se mit Klimaschutz – also der Eindämmung der globalen Erwärmung – zu tun.

Auch unter dem 2005 in Kraft getretenen Kyoto-Protokoll konnten die Staaten mit ihren Emissionen, genauer gesagt mit ihren Emissionsreduktionen, eine Art Handel treiben. Die Industriestaaten konnten entweder auf dem eigenen Territorium Emissionen reduzieren oder im Rahmen der sogenannten »Flexiblen Mechanismen«[5] den damals noch nicht zu Reduktionen verpflichteten Ländern des Globalen Südens Emissionsreduktionen abkaufen, die diese auf ihrem Territorium erreicht haben. Aus diesen Mechanismen haben sich die heute weit verbreiteten Kompensationszertifikate entwickelt, die jedoch nicht mit den staatlichen Emissionshandelssystemen zu verwechseln sind. Auf die Kompensationsmärkte und die Unterschiede zum EHS kommen wir später in der Einleitung nochmals zurück.

Ebenfalls 2005 startete dann das Emissionshandelssystem der Europäischen Union. Es ist somit der älteste Emissionsrechtehandel für Treibhausgase.[6] Eingeführt wurde es für die

Treibhausgasemissionen aus der fossilen Energieproduktion und der Schwerindustrie. Im Rahmen des sogenannten »Fit-for-55-Pakets«, also des Maßnahmenpakets, mit dem die EU den Ausstoß von Treibhausgasen bis 2030 um mindestens 55 Prozent gegenüber dem Ausstoß von 1990 reduzieren und Europa bis 2050 klimaneutral machen möchte, plant die EU nun sogar die Schaffung eines neuen Emissionshandels für Gebäude, Straßenverkehr und zusätzliche Sektoren.[7]

Die Schweiz führte 2008 erstmals ein spezielles Bezahlsystem für die energieintensive Schwerindustrie und die fossile Energieproduktion ein. Die Regeln in dieser Phase bis 2012 unterschieden sich aber noch deutlich von der aktuellen Ausgestaltung. In Anlehnung an die Regeln, die damals für das bereits laufende europäische EHS galten, startete die Schweiz 2013 das Emissionshandelssystem in seiner heutigen Form.[8] 2020 wurde es mit dem europäischen EHS verknüpft.

Weltweit sind heute 29 Emissionshandelssysteme für die Regulierung von Treibhausgasen in Betrieb. Weitere neunzehn sind geplant oder befinden sich bereits im Aufbau. So gibt es neben dem europäischen und dem Schweizer EHS beispielsweise auch in einzelnen US-Staaten, in Kanada, China, Japan, Neuseeland oder Südkorea Emissionshandelssysteme für Treibhausgase. Die Systeme unterscheiden sich aber in Bezug auf die Regeln und die abgedeckten Emissionen stark voneinander.[9]

In der Schweiz ein Klimaschutzinstrument unter vielen

Wissenschaftler:innen sind sich einig, dass für die Verschmutzung der Atmosphäre mit gefährlichen Treibhausgasen bezahlt werden muss. In der Schweiz gibt es gleich mehrere Bepreisungssysteme für den Ausstoß von Treibhausgasen. Das Emissionshandelssystem ist nur eines davon. Wer sich vertieft damit auseinandersetzen möchte, kommt daher nicht darum herum, sich auch die anderen Klimaschutzinstrumente anzuschauen. Wir wollen deshalb zu Beginn das EHS in der Schweizer Klimaschutzgesetzgebung verorten.

Die Schweizer Gesetzgebung kennt rund ein Dutzend verschiedene Politikinstrumente, mit denen die Treibhausgasemissionen reduziert werden sollen.[10] Die meisten von ihnen sind im CO_2-Gesetz verankert, beziehungsweise im aktuell geltenden CO_2-Übergangsgesetz, das vom Schweizer Parlament nach der Ablehnung des revidierten CO_2-Gesetzes durch die Stimmbevölkerung 2021 im Schnelldurchgang verabschiedet wurde. Es gilt bis Ende 2024. Momentan laufen die parlamentarischen Verhandlungen für ein Anschlussgesetz ab 2025.[11]

Das CO_2-Gesetz unterscheidet grundlegend zwischen Emissionen aus fossilen Brennstoffen wie Erdöl oder Erdgas, die zum Beispiel für den Betrieb von Fabriken eingesetzt werden oder auch um unsere Häuser und Wohnungen zu heizen, und Emissionen aus fossilen Treibstoffen wie Benzin oder Diesel. Für die Bepreisung von Diesel und Benzin ist die sogenannte Kompensationspflicht auf Treibstoffimporte zuständig. Für die Regulierung der Emissionen aus fossilen Brennstoffen hält die Gesetzgebung gleich drei Instrumente bereit: die Zielvereinbarung*, die CO_2-

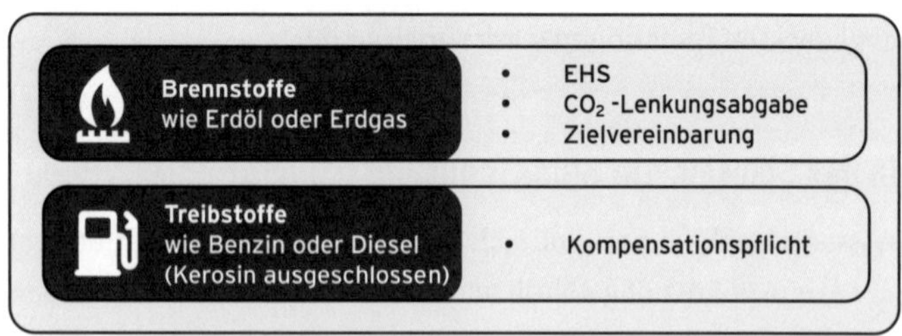

* Zielvereinbarungen werden auch für andere Zwecke, zum Beispiel für die Rückerstattung des Netzzuschlags, verwendet.

Lenkungsabgabe, die gern auch als Herzstück der Schweizer Klimagesetzgebung bezeichnet wird, und schließlich eben das Emissionshandelssystem.

Mit der Zielvereinbarung schließen die Unternehmen und die Schweizer Regierung eine Art Vertrag ab. Darin wird definiert, welche Maßnahmen zur Reduktion von Treibhausgasemissionen im Betrieb umgesetzt werden müssen. Im Gegenzug werden die Unternehmen von der CO_2-Abgabe auf die verbleibenden Emissionen befreit. Aktuell dürfen Zielvereinbarungen aber nur von Firmen eingegangen werden, die sehr viele Treibhausgase verursachen und gleichzeitig im internationalen Wettbewerb stehen. Bereits im Zuge der letzten Revision des CO_2-Gesetzes, die vom Stimmvolk im Juni 2021 abgelehnt wurde, wollte man das Instrument der Zielvereinbarung für alle Firmen öffnen. Auch der jüngste Vorschlag für eine Überarbeitung des CO_2-Gesetzes hält an dieser Neuerung fest.

Spannend ist die Frage, wie viele Emissionen diese Firmen reduzieren müssen, um von der CO_2-Abgabe befreit zu werden. Die aktuell gültige CO_2-Gesetzgebung definiert hier das klare Ziel von 2 Prozent.[12] Unternehmen mit einer Zielvereinbarung müssen also ihre Emissionen pro Jahr um 2 Prozent reduzieren. Als Gegenleistung erlässt der Staat ihnen die CO_2-Abgabe auf die restlichen 98 Prozent der Emissionen.

Wir werden sehen, dass auch die Konzerne, die beim Emissionshandelssystem mitmachen, in der Schweiz von der CO_2-Lenkungsabgabe befreit sind. Unternehmen, die jedoch weder am EHS teilnehmen noch eine Zielvereinbarung mit dem Bund abgeschlossen haben, bezahlen die CO_2-Abgabe, genauso wie alle Privathaushalte in der Schweiz.

Exkurs: Kompensationspflicht

Mit der Kompensationspflicht auf den Import von Treibstoffen wird in der Schweiz den Emissionen aus dem Straßenverkehr ein Preis gegeben. Ein gewisser Prozentsatz des CO_2, das mit den Treibstoffen Benzin oder Diesel in die Schweiz eingeführt wird, muss von den importierenden Firmen kompensiert werden. Diese Kompensation geschieht über die Finanzierung von Klimaschutzprojekten, zum Beispiel den Einbau von klimafreundlichen Kühlanlagen oder den Bau einer Biogasanlage. Das führt bei den Treibstoffimporteuren natürlich zu Mehrkosten. Einen Teil dieser Mehrkosten dürfen sie auf den Benzinpreis aufschlagen.

Bis vor Kurzem mussten die Klimaschutzprojekte alle innerhalb der Schweiz angesiedelt sein. Importeure fossiler Treibstoffe durften ihre Emissionen also nur im Inland kompensieren. Das hat sich zum 1. Januar 2022 geändert. Da trat nämlich das derzeitige CO_2-Übergangsgesetz in Kraft, das es den Treibstofffirmen neu erlaubt, 25 Prozent ihrer Kompensationspflicht auch mit Projekten im Ausland zu erfüllen.[13] Immer wenn in der Schweizer Klimapolitik von Ausland- und Inlandanteil die Rede ist, bezieht sich das auf das Instrument der Kompensationspflicht.

Die meisten Länder wollen ihre Klimaziele ausschließlich mit Maßnahmen im Inland umsetzen. Auch die EU schließt Auslandskompensationen aus. Die Schweiz hat hier im internationalen Vergleich einen Sonderweg eingeschlagen und setzt stark auf Kompensationsprojekte im Ausland. Dafür hat sie bereits mit einer Vielzahl von Ländern sogenannte bilaterale Klimavereinbarungen abgeschlossen, und zwar mit Peru, Ghana, Senegal, Georgien, Vanuatu, Dominica, Thailand, der Ukraine, Marokko, Malawi, Uruguay, Chile und Tunesien.[14] Die Verträge mit Chile und Tunesien kamen jüngst an der 28. Weltklimakonferenz in Dubai im Dezember 2023 dazu.[15]

In einigen Partnerländern laufen die Kompensationsprojekte

auch bereits. Sie sind jedoch nicht unumstritten, auch weil unklar ist, ob der Schweizer Weg überhaupt kompatibel ist mit den Regeln des Pariser Klimaabkommens. Zudem werfen die Auslandprojekte moralische Fragen auf. In einem Artikel, der im Oktober 2023 beim Onlinemagazin *das Lamm* erschienen ist, fragt sich ein Bauer aus Ghana, dessen Felder zu einem Schweizer Kompensationsprojekt gehören, zum Beispiel: »Warum sollen wir die Emissionen reduzieren, wenn es die Industrieländer sind, die das Klima verschmutzt haben?«[16] Und eine gemeinsame Recherche vom *Magazin* des *Tages-Anzeigers* und der Zeitung *Finanz und Wirtschaft* im Dezember 2023 zeigt, dass es alles andere als sicher ist, ob die ausländischen Kompensationsprojekte tatsächlich auch halten, was sie in Bezug auf Reduktionen versprechen.[17]

Die staatlich verpflichtenden Kompensationen der Treibstoffimporte sind jedoch nicht mit den freiwilligen Treibhausgaskompensationen von Privatpersonen oder Firmen zu verwechseln. Dazu gehört zum Beispiel, wenn man für seinen CO_2-Fußabdruck eine Flugreise kompensiert oder wenn Firmen versprechen, ihre Produkte seien dank Kompensationszertifikaten aus Klimaschutzprojekten klimaneutral.

Auch dieser sogenannte freiwillige Markt sorgte jüngst für Schlagzeilen. Bemängelt wurde in erster Linie die Art und Weise, wie genau berechnet wird, wie viele Treibhausgasemissionen ein Klimaschutzprojekt tatsächlich einspart. Im Mittelpunkt der Kritik standen vor allem die multinationale Zertifizierungsstelle Verra[18] und die Schweizer Firma South Pole, einer der weltweit größten Zertifikatsanbieter für freiwillige Kompensationen[19].

Vom Prinzip her funktionieren die freiwilligen Kompensationen genauso wie die staatliche Kompensationspflicht auf den Import von Treibstoffen. Bei beiden werden Klimaschutzprojekte finanziert, die irgendwo auf der Welt Treibhausgasemissionen einsparen sollen, um die entsprechende Menge eigener Emissionen auszugleichen. Aber bei der Kompensationspflicht für Treibstoffimporte geht es nicht um die Emissionen von einzelnen Firmen oder Privatpersonen, sondern im Endeffekt wirklich um die Erfüllung der Reduktionsversprechen, die die Schweiz im Rahmen des Pariser Klimaabkommens gemacht hat. Was also über die Kompensationspflicht auf den Import von Benzin und Diesel an Emissionen kompensiert wird, wird der offiziellen Schweiz im Rahmen des Pariser Abkommens von den UN angerechnet. Die freiwilligen Kompensationen zählen hingegen nicht zur nationalen Gesamtbilanz.

Das führt uns zurück zum EHS. Es ist ein weit verbreiteter Irrtum, dass auch die staatlichen Emissionshandelssysteme etwas mit diesen Kompensationsmärkten zu tun hätten. Das ist aber nicht so. Zwar spricht man sowohl bei den verpflichtenden und freiwilligen Kompensationen als auch beim EHS von »Zertifikaten«, grundsätzlich haben die zwei Systeme jedoch wenig Gemeinsamkeiten.

Die Emissionsrechte beziehungsweise -zertifikate im Emissionshandelssystem sind nicht an Projekte gekoppelt, die der Atmosphäre Treibhausgase entziehen. Es sind damit also keine Kompensationen verknüpft. Vielmehr handelt es sich bei den Zertifikaten im EHS um Bewilligungen, die Atmosphäre mit CO_2 zu belasten. Ein EHS-Zertifikat ist also ein Verschmutzungsrecht. Die Abgabe eines solchen Zertifikats gibt einem das Recht, eine Tonne CO_2 auszustoßen. Eine Überschneidung zwischen dem EHS und den Kompensationen gibt es dennoch, und zwar beim sogenannten Zertifikatstyp Certified Emission Reduction (CER). Darauf kommen wir im Detail in Kapitel 4 zurück.

Mit Sicherheit ließe sich auch über den freiwilligen Kompensationsmarkt, die Zielvereinbarungen oder die staatliche Kompensationspflicht auf Benzin und Diesel ein spannendes Buch schreiben. Um das Emissionshandelssystem zu verstehen, sind diese Instrumente jedoch weniger wichtig. Die CO_2-Lenkungsabgabe hingegen ist ein zentrales Puzzleteil, wenn es darum geht, die Funktionsweise des EHS zu erklären. Denn während bei den fossilen Brennstoffen in der Schweiz die Bepreisung über die CO_2-Lenkungsabgabe als die Norm betrachtet werden kann, ist das Emissionshandelssystem die Ausnahme davon. Will man beurteilen, ob der CO_2-Preis, den ein Konzern über das EHS für seine Klimaverschmutzung bezahlt, zu hoch, zu tief oder angebracht ist, muss man ihn mit der CO_2-Lenkungsabgabe vergleichen. Das ist nämlich der Preis, den in der Schweiz die meisten Firmen und alle Privathaushalte für eine Tonne Treibhausgase aus fossilen Brennstoffen bezahlen müssen.

Zunächst stellt sich grundsätzlich die Frage, weshalb bei den fossilen Brennstoffen gleich mehrere Instrumente geschaffen wurden. Der Hauptgrund liegt darin: Es gab Bedenken, dass emissionsintensive, international tätige Schweizer Konzerne im Wettbewerb auf dem Weltmarkt nicht mehr mithalten könnten, wenn sie eine CO_2-Abgabe bezahlen müssten. Deshalb hat der Bund, als 2008 in der Schweiz die CO_2-Lenkungsabgabe für Emissionen aus fossilen Brennstoffen eingeführt wurde, für diejenigen Sektoren mit den höchsten Ausstößen eine Speziallösung entworfen, das Schweizer Emissionshandelssystem.

Entlang welcher Argumentationslinien die schon Jahre zuvor hitzig geführte Diskussion genau verlief, lässt sich gut in der SRF-Politsendung *Arena* mit dem Titel »Klimakatastrophe« aus dem Jahr 1995 nachverfolgen.[20] Auf der einen Seite forderten bereits damals linke Politiker:innen und Nichtregierungsorganisationen die Einführung eines CO_2-Preises. Demgegenüber standen bürgerliche Politiker:innen und Großindustrielle, die meinten, dass das für die Schweizer Schwerindustrie finanziell nicht zu stemmen sei.

Keine CO_2-Lenkungsabgabe für die Schwerindustrie

Die CO_2-Lenkungsabgabe wurde 2008 eingeführt und gilt für die Mehrheit der Schweizer Firmen und alle Privathaushalte. Zu entrichten ist sie beim Kauf fossiler Brennstoffe wie Erdgas, Erdöl oder Kohle. Privathaushalte zahlen die CO_2-Abgabe zum Beispiel, wenn sie ihre Wohnungen oder Häuser mit Erdöl heizen, Firmen, wenn sie bei ihren Produktionsprozessen etwa Erdgas oder Kohle einsetzen. Die CO_2-Abgabe betrug bei ihrer Einführung bescheidene 12 Franken pro Tonne ausgestoßener Treibhausgase.[21] In den folgenden Jahren wurde sie stetig erhöht: 2010 auf 36 Franken, 2014 auf 60 Franken, 2016 auf 84 Franken, 2018 auf 96 Franken und 2022 schließlich auf 120 Franken.[22]

Die emissionsintensivsten Industriebranchen, die ihre Klimakosten allesamt im Emissionshandelssystem abrechnen dürfen, bezahlen keine CO_2-Abgabe.[23] Genau genommen entrichten die EHS-Firmen zuerst wie alle anderen beim Einkauf der fossilen Brennstoffe die CO_2-Abgabe. Sie bekommen diese aber auf Gesuch hin von der Eidgenössischen Zollverwaltung zurückerstattet.[24] Anstelle der CO_2-Abgabe müssen sie für jede emittierte Tonne Treibhausgase ein entsprechendes Emissionsrecht vorweisen können. Dabei stellt der Staat jährlich nur eine bestimmte Gesamtmenge an Emissionsrechten zur Verfügung und deckelt damit die maximalen Treibhausgasemissionen aller EHS-Teilnehmer. Die staatlich festgelegte Maximalmenge an jährlich neu verfügbaren Emissionsrechten im System, der Cap, wird schrittweise reduziert. Die Stärke der Absenkung regelt die CO_2-Verordnung.

Im Schweizer Emissionshandelssystem betrug die Reduktion des Cap von 2010 bis 2020 jährlich 1,74 Prozent der ursprünglichen Anzahl Emissionstonnen. Im europäischen System galt der Reduktionspfad von 1,74 Prozent ab 2013. Seit 2021 beträgt der jährliche Absenkpfad in beiden EHS-Systemen 2,2 Prozent.[25] Im

EU-EHS erhöht sich die Reduktionsquote 2024 auf 4,3 Prozent.[26] Zwar trat auch in der Schweiz auf den 1. Januar 2024 eine neue Version der CO_2-Verordnung in Kraft, und laut Anhang 15 erhöht sich der Absenkpfad für die Fluggesellschaften darin auch auf 4,3 Prozent im Jahr 2024. In Anhang 8, wo die Regeln für die Industrieanlagen verankert sind, wird jedoch nach wie vor mit 2,2 Prozent gerechnet.[27] Ob der Reduktionspfad auch dort parallel zu den Neuerungen in der EU ab 2024 angepasst wird, habe der Bundesrat noch nicht entschieden, teilte uns das Bundesamt für Umwelt Mitte Dezember 2023 auf Anfrage mit.

Die kontinuierliche, staatlich vorgegebene Verknappung soll den Preis der Emissionsrechte Jahr für Jahr erhöhen und so gleichzeitig sicherstellen, dass die Emissionen der EHS-Konzerne dereinst auf Null sinken. Theoretisch werden durch diese Mengensteuerung und durch Angebot und Nachfrage auf dem Zertifikatemarkt dort CO_2-Emissionen reduziert, wo die Kosten tief liegen. Außerdem soll das System so Anreize schaffen, dass Konzerne die nötigen Schritte für eine Verminderung von Treibhausgasemissionen in ihren Prozessen in die Wege leiten.

Zeitlich ist das EHS in mehrjährigen Handelsperioden mit mehr oder weniger gleichbleibenden Regeln organisiert. Die letzte und von uns analysierte Handelsperiode lief von 2013 bis 2020. Die aktuelle Handelsperiode endet 2030. Zuständig für die Umsetzung des Systems in der Schweiz ist das Bundesamt für Umwelt (BAFU).

Wer darf beim EHS mitmachen?

Grundsätzlich versammeln sich im EHS die Branchen aus der fossilen Energieproduktion und der Schwerindustrie – beides sehr emissionsintensive Sektoren. Darunter gibt es Branchen, die beim EHS mitmachen müssen. Sie stehen im Anhang 6 der geltenden CO_2-Verordnung.[28] Dazu gehören beispielsweise die Zementindustrie, die fossile Energieproduktion, die Raffination von Mineralöl, die Kalkproduktion, die Herstellung von Ziegeln, aber auch Teile der Metallindustrie, der Papier- und Kartonherstellung und der Chemiebranche. Der Begriff »müssen« kann jedoch zu Missverständnissen führen. Denn die Firmen werden hier zu etwas gezwungen, das ihnen bis jetzt vor allem Vorteile verschafft hat, wie wir in den folgenden Kapiteln sehen werden. Zusätzlich gibt es Branchen, die freiwillig beim EHS mitmachen können. Diese sind im Anhang 7 der CO_2-Verordnung aufgeführt.[29] Darunter befinden sich zum Beispiel die Holzverarbeitung, die Herstellung von Nahrungsmitteln und die fossile Wärmeproduktion, aber auch Teile der Chemieindustrie, der Papier- und Kartonherstellung und der Metallverarbeitung. Die Branchen aus Anhang 7 der CO_2-Verordnung sind auch diejenigen, die mit dem Bund eine Zielvereinbarung mit festgelegten Verminderungsverpflichtungen eingehen dürfen.

Konkret werden im EHS nicht die Firmen selbst registriert, sondern ihre einzelnen Industrieanlagen – also ein bestimmtes Zementwerk, Stahlwerk oder Heizwerk. Deshalb kann eine Firma auch mit mehreren Standorten im EHS vertreten sein. Streng genommen gehören aber nicht alle im EHS gelisteten Anlagen zu privatwirtschaftlichen Firmen. Auch einige Gemeinden rechnen die Emissionen von CO_2-intensiven Anlagen im EHS ab, zum Beispiel die Stadt Lausanne oder auch Entsorgung + Recycling Zürich (ERZ). Bei diesen Anlagen handelt es sich um fossil betriebene Heizanlagen, die wenn nötig Schwankungen im Fernwärmenetz ausgleichen. Die Mehrzahl der EHS-Anlagen gehört jedoch privaten Großkonzernen aus der Schwerindustrie.

In der vergangenen Handelsperiode haben rund vierzig registrierte Betreiber mit über fünfzig verschiedenen Industrieanlagen ihre Klimakosten im EHS abgerechnet. In der neuen Handelsperiode ab 2021 ist die Anzahl auf ungefähr hundert EHS-Unternehmen angestiegen. Im Umkehrschluss bedeutet das aber eben auch, dass der überwiegende Teil der Schweizer Firmen nicht am EHS teilnehmen darf. Sie bezahlen stattdessen für jede Tonne ausgestoßener Treibhausgase aus fossilen Brennstoffen die CO_2-Lenkungsbgabe.

Ein ergänzender Hinweis ist hier nötig: Auch die Fluggesellschaften müssen am EHS teilnehmen – in der EU seit 2012, in der Schweiz seit 2020.[30] Wie sich das EHS auf die Emissionen der Flugbranche auswirkt, war jedoch nicht Teil unserer Analyse. Unsere Arbeit konzentriert sich in erster Linie auf die EHS-Anlagen aus der Schwerindustrie.

Die Industrieanlagen und Fluggesellschaften, für die das Emissionshandelssystem in erster Linie entworfen wurde und die darin für ihre Emissionen bezahlen sollen, sind aber nicht die einzigen, die beim EHS mitmischen dürfen. Grundsätzlich können alle, die auf dem Schweizer Emissionshandelsregister ein Konto eröffnen, in diesem Markt mitbieten, also Emissionsrechte kaufen, weiterverkaufen und bei einem allfälligen Preisanstieg auch Gewinn machen. Neben den EHS-Firmen können das auch Unternehmen sein, die keine Emissionsrechte abgeben müssen, wie zum Beispiel Banken, oder sogar Privatpersonen. Als Zahlungsmittel für die eigenen Emissionen können die Zertifikate jedoch nur von den EHS-Firmen selbst eingesetzt werden. Wer keine der in Anhang 6 oder 7 der CO_2-Verordnung gelisteten Tätigkeiten ausführt, muss trotz EHS-Konto weiterhin die übliche CO_2-Lenkungsabgabe entrichten.

Wie kommen die EHS-Firmen an ihre Emissionsrechte?

Es gibt zwei Möglichkeiten für EHS-Teilnehmer, an die Verschmutzungsrechte, die sie für ihre Treibhausgasemissionen benötigen, zu gelangen. Entweder sie erwerben sie käuflich, oder sie bekommen sie vom Staat geschenkt. Die Anzahl Gratisemissionsrechte, die einer Firma zugeteilt wird, ist dabei von mehreren Faktoren abhängig.

Grundsätzlich erhalten Firmen mit einer vergleichsweise besseren CO_2-Bilanz mehr Gratisemissionsrechte als solche mit höheren Emissionen. Da der Schweizer Emissionshandel Anfang 2020 mit dem EHS der EU zusammengeschlossen wurde, orientiert sich das BAFU bei der Beurteilung der Firmen bereits seit 2013 an Bezugswerten aus der EU, den sogenannten Benchmarks.[31] Vor 2013 wurde die Gratiszuteilung sowohl in der Schweiz als auch in der EU nach dem viel kritisierten »Grandfathering« vorgenommen, bei dem sich die Zuteilung an den historischen Emissionen der Anlagen orientierte. Mit den Benchmarks setzte man ab 2013 neu auf das Prinzip der besten verfügbaren Technologie.

Die Benchmarks werden anhand der treibhausgaseffizientesten 10 Prozent aller EHS-Betriebe in der EU berechnet und für jede Branche einzeln gesetzt. Für die Berechnung der Zement-Benchmark werden also die besten 10 Prozent der Zementhersteller der EU herangezogen. Die CO_2-Bilanz der besten 10 Prozent der Aluminiumfabriken in der EU bestimmen die Alu-Benchmark und so weiter. Was man aber nicht vergessen darf: Auch Firmen beziehungsweise deren Produktionsanlagen, die in diesem Ranking zu den Besten zählen, emittieren immer noch Unmengen an Treibhausgasen. Das liegt einfach daran, dass im EHS die Branchen vertreten sind, die die höchsten Emissionen aufweisen.

Um die Verknappung der Emissionsrechte und damit die erhoffte Emissionsverminderung voranzutreiben wird nicht nur der Cap, sondern auch die Menge der jährlich kostenlos zugeteilten Emissionsrechte laufend reduziert, und zwar um den sogenannten Anpassungsfaktor*, der im Anhang 9 der CO_2-Verordnung steht. Für die ersten sechs Jahre der aktuellen Handelsperiode, also von 2021 bis 2026, beträgt dieser Anpassungsfaktor 0,3 – sowohl in der Schweiz als auch in der EU.[32] Die Firmen erhalten demnach aktuell nur 30 Prozent der Gratisemissionsrechte, die ihnen laut dem Benchmarking zustünden. Die folgende Tabelle zeigt, dass der Anpassungsfaktor zu Beginn der letzten Handelsperiode noch viel höher war und über die Jahre kontinuierlich gesenkt wurde.[33] Durch die Verringerung des Anpassungsfaktors sollte sich in der Theorie die Anzahl verteilter Gratisemissionsrechte stetig reduzieren.

Jahr	**Anpassungsfaktor**
2013	0,8
2014	0,7286
2015	0,6571
2016	0,5857
2017	0,5143
2018	0,4429
2019	0,3714
2020	0,3

Das klingt streng. Doch da steht noch etwas anderes im Anhang 9. Der Anpassungsfaktor gilt nämlich nur für die Firmen, die nicht im Anhang des Beschlusses 2019/708/EU[34] der Europäischen Kommission aufgeführt sind. Auf dieser Liste stehen Branchen, bei denen die Gefahr besteht, dass Firmen ihre Produktion und damit ihre CO_2-Emissionen ins Ausland verlagern. Um dieses sogenannte »Carbon Leakage« zu verhindern (mehr dazu in Kapitel 2), erhalten Firmen, die in den aufgeführten Branchen tätig sind, den Anpassungsfaktor 1 und damit 100 Prozent der Gratisemissionsrechte gemäß Benchmark.

Eine weitere wichtige Größe bei der Berechnung der Gratis-

* Der Anpassungsfaktor heißt im europäischen System Faktorwert.

zuteilungen ist die Aktivitätsrate. Grob gesagt gibt die Aktivitätsrate an, wie viel eine Anlage produziert, also zum Beispiel wie viele Tonnen Zement oder Aluminium die Fabrik verlassen. Unter gewissen Voraussetzungen haben auch Veränderungen in der Aktivitätsrate Einfluss auf die Anzahl zugeteilter Gratisemissionsrechte.[35] Auch darauf kommen wir in Kapitel 2 zurück.

Auf der Basis von Aktivitätsrate, Benchmarks und Anpassungsfaktor errechnet das BAFU jährlich, wie viele Gratisemissionsrechte die einzelnen Firmen erhalten. 5 Prozent der Emissionsobergrenze, also des Caps, muss das BAFU dabei jedes Jahr für allfällige neue Marktteilnehmer als Reserve zurückbehalten. Das BAFU darf also maximal 95 Prozent der Emissionsrechte verteilen. Übersteigt die Summe der berechneten Gratiszuteilungen

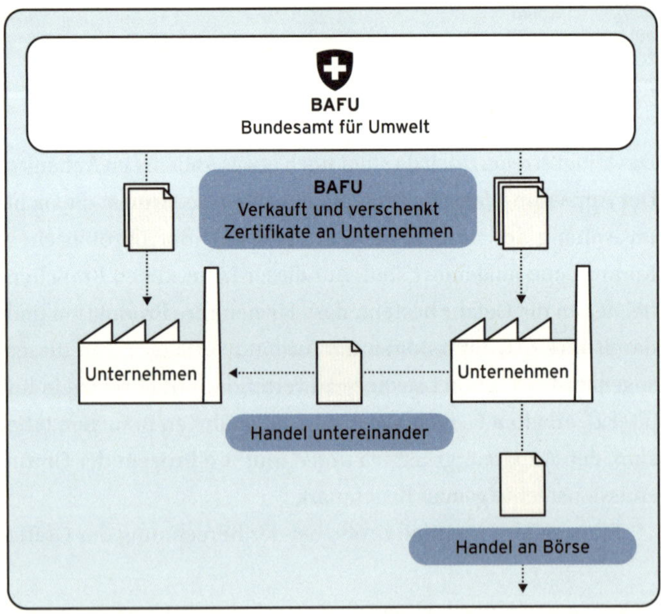

diese 95 Prozent des Caps, kommt ein weiteres Werkzeug zum Einsatz, und zwar der sektorübergreifende Korrekturfaktor. Damit werden, falls nötig, die Zuteilungen aller EHS-Teilnehmer gleichermaßen gekürzt, um nicht bereits mit den Gratiszuteilungen den Cap zu sprengen.

Für die Emissionsrechte, die von den EHS-Konzernen trotz Gratiszertifikaten noch dazugekauft werden müssen, führt das Bundesamt für Umwelt regelmäßig Versteigerungen durch. Die Versteigerungstermine werden jeweils auf der Startseite des Emissionshandelsregisters publiziert.[36]

Wie bereits erwähnt, können die EHS-Firmen – aber auch andere interessierte Akteure mit einem Konto im Emissionshandelsregister – Emissionsrechte außerdem untereinander handeln. Sie können entweder direkt miteinander handeln oder über eine Börse. An der Nasdaq[37] in New York oder an der European Energy Exchange (EEX)[38], einer Energiebörse mit Sitz in Leipzig, werden Emissionsberechtigungen gehandelt. Letztere führt in der EU auch die regelmäßigen Auktionen durch, die in der Schweiz vom BAFU organisiert werden.[39] An den Börsen steht die Abkürzung CHU für die Emissionsrechte, die von der Schweiz generiert werden. Für die von der EU auf den Markt gebrachten Emissionsrechte wird das Kürzel EUA verwendet.[40]

Seit 2020 das Schweizer EHS mit dem europäischen System verknüpft wurde, können die Schweizer EHS-Firmen vollumfänglich am europäischen Markt teilnehmen. Beide Systeme akzeptieren die Zertifikate, die vom jeweils anderen System ausgegeben werden. Vor 2020 konnten die hiesigen EHS-Firmen nur innerhalb der Schweiz handeln.

Wie viel ein Emissionszertifikat kostet, das heißt, wie viel man im EHS für eine Tonne emittierter Treibhausgase bezahlt, wird entsprechend durch den Markt bestimmt und ändert sich von

Tag zu Tag. Der Preis für ein Verschmutzungsrecht an der EEX oder der Nasdaq schwankt genauso wie der Preis, zu welchem das BAFU bei den Versteigerungen Emissionsrechte zum Verkauf anbietet. Die Preise, die beim BAFU oder bei der EEX über das Auktionsverfahren generiert werden, kommen dabei grundsätzlich nahe bei den aktuellen Börsenpreisen zu liegen. Der maximale Preis, der bei diesen Versteigerungen bezahlt wurde, erreichte im ersten Jahr der vergangenen Handelsperiode, also 2013, rund 40 Franken. In den Folgejahren sank er zwischenzeitlich auf 7,50 Franken, bevor er bis 2020 wieder auf rund 29 Franken anstieg. Diese jährlichen Höchstpreise an den Versteigerungen des BAFU werden wir in Kapitel 4 verwenden, um zu bestimmen, wie viel die Schweizer EHS-Firmen in der vergangenen Handelsperiode schätzungsweise für ihre Emissionsrechte bezahlen mussten.

Ein weiterer Wert wird uns noch mehrfach begegnen, und zwar der Preis, den man am 25. Januar 2023 an der EEX für ein Emissionsrecht bezahlte. An diesem Stichtag kostete die Belastung der Atmosphäre mit einer Tonne Treibhausgase 80 Franken. Auch dieser Wert liegt unseren Berechnungen zugrunde und spielt deshalb in den folgenden Kapiteln noch eine wichtige Rolle.

Die Konzerne erhalten ihre Emissionszertifikate sowohl vom BAFU als auch bei den Einkäufen an der EEX oder direkt von anderen EHS-Teilnehmern nicht real in die Hand gedrückt, sondern lediglich in Form einer Zahl, die auf ihrem Betreiberkonto auf dem Schweizer Emissionshandelsregister gutgeschrieben wird. Das Schweizer Emissionshandelsregister ist eine vom BAFU geführte Webseite, auf der die effektiven Jahresemissionen (Abgabepflicht) sowie die jährlich zugeteilten Gratisemissionsrechte für alle EHS-Firmen einzeln öffentlich dokumentiert werden. Die Zuteilungen des Bundes, also die Überweisungen der Gratisemissionsrechte auf die verschiedenen Betreiberkonten, erfolgen jährlich.

Wer macht die Regeln?

Gesetzlich ist das Schweizer Emissionshandelssystem im CO_2-Gesetz ab Kapitel 4, »Emissionshandel und Kompensation«, verankert.[41] Mit einer Teilrevision des CO_2-Gesetzes vom 20. Dezember 2019 hat das Schweizer Parlament den Emissionshandel unbeschränkt verlängert. Die Detailregelungen, also zum Beispiel wie genau berechnet wird, welche Industrieanlage wie viele Gratisrechte erhält, findet man jedoch nicht im CO_2-Gesetz, sondern in der CO_2-Verordnung, dort ebenfalls ab Kapitel 4, »Emissionshandelssystem«.[42] Die Verordnung wurde bereits mehrmals angepasst.[43] Abschließend genehmigt werden diese Anpassungen vom Bundesrat, nicht vom Parlament.[44] Verantwortlich für die Überarbeitungen ist die Abteilung Klima des BAFU. Über die konkreten Regeln, die im EHS gelten, entscheiden also nicht gewählte Volksvertreter:innen, sondern Beamt:innen und Regierungsvertreter:innen. Jeder Verordnungsanpassung geht eine neunzigtägige öffentliche Konsultation voraus, an der sich Interessenverbände, Lobbygruppen und Firmen beteiligen können. In der von uns hauptsächlich analysierten Handelsperiode 2013 bis 2020 galten dementsprechend teilweise noch andere Detailregelungen als in der aktuellen Handelsperiode.

Seit dem 1. Januar 2020 ist das Schweizer EHS mit dem europäischen EHS verbunden. Was das genau heißt, ist in einem Verknüpfungsabkommen zwischen der EU und der Schweiz festgehalten.[45] Die beiden Emissionshandelssysteme berufen sich damit zwar weiterhin auf je eigene Rechtsvorschriften, aber diese Vorschriften müssen laut dem Verknüpfungsabkommen einen gemeinsam festgelegten Minimalkatalog erfüllen. In Artikel 10 des Abkommens ist auch explizit festgehalten, dass sowohl die Schweiz als auch die EU die Möglichkeit haben, strengere Maßnahmen als die im Minimalkatalog vorgesehenen zu beschließen. Beispielsweise könnte das Schweizer Parlament entscheiden, den

EHS-Firmen nur einen Teil der auf nationaler Ebene geregelten CO_2-Lenkungsabgabe zu erlassen.

Auf der europäischen Seite sind die Regeln in der Richtlinie 2003/87/EG, der sogenannten Emissionshandelsrichtlinie, festgehalten. Diese unterliegt dem normalen Gesetzgebungsverfahren der EU. Die Europäische Kommission erstellt einen Vorschlag, der dann von Parlament und Rat unter Beteiligung verschiedener Interessengruppen beschlossen wird. Aktualisierungen der Emissionshandelsrichtlinie unterliegen daher einem ziemlich aufwendigen Prozess. Die konkreten Umsetzungsrechtsakte, die die Anwendung der Richtlinie im Detail regeln und die vergleichbar sind mit den Schweizer Verordnungen, entstehen aber auch in der EU in einem einfacheren Verfahren.

Verknüpft mit dem europäischen EHS und trotzdem anders

In der EU gibt es bereits seit 2005 ein Emissionshandelssystem.[46] Es ist heute das zentrale europäische Klimaschutzinstrument. Die Schweiz hat ihr EHS in der aktuellen Ausgestaltung 2013 in Anlehnung an die Regeln des EU-EHS gestartet. Die EHS-Regeln an sich dürften dank Verknüpfungsabkommen und übergeordneten EU-Regeln in allen EU-Ländern und in der Schweiz prinzipiell gleich sein. Was wir vorangehend also für die Schweizer Konzerne erläutert haben, gilt grundsätzlich auch für die EHS-Produktionsanlagen in Frankreich, Deutschland, Slowenien oder Polen. Sie erhalten zum Beispiel von ihren Regierungen nach demselben Muster Gratisemissionsrechte zugeteilt wie die Schweizer Konzerne.

Trotzdem bedeutet die Teilnahme am EHS für eine Produktionsanlage in Polen nicht dasselbe wie für ein Schweizer Werk. Der Unterschied liegt in den jeweiligen nationalen Klimaschutzgesetzen, die sich von Land zu Land stark unterscheiden, und in deren Kontext die EHS-Regeln betrachtet werden müssen. So regeln diese nationalen Klimaschutzbestimmungen neben dem EHS auch allfällige Instrumente und Maßnahmen, die für Firmen gelten, die eben gerade nicht am Emissionshandelssystem teilnehmen.

Betrachten wir zum Beispiel, was eine polnische Produktionsanlage, die nicht am EHS teilnimmt, im Vergleich zu einer Schweizer Anlage außerhalb des EHS für ihre Klimaverschmutzung bezahlen muss, zeigen sich deutliche Differenzen. In der Schweiz betragen die Klimakosten für Emissionen aus fossilen Brennstoffen außerhalb des EHS über das Instrument der CO_2-Lenkungsabgabe seit 2022 120 Franken pro Tonne emittierte Treibhausgase. Im Gegensatz zum CO_2-Preis, den man im EHS bezahlt, ist der Preis über diese CO_2-Abgabe keine europaweite, sondern lediglich eine national festgelegte Bepreisung. Die Schweiz ist nicht das einzige Land, das außerhalb des EHS einen CO_2-Preis kennt. Im EU-Vergleich ist die Schweizer CO_2-Abgabe allerdings relativ hoch. Laut dem österreichischen Institut für Wirtschaftsforschung (WIFO) zahlte man in Frankreich außerhalb des EHS 2022 rund 50 US-Dollar für jede Emissionstonne. In Deutschland lag der CO_2-Preis 2022 bei nur 33 US-Dollar, in Slowenien bei 19 US-Dollar und in Polen bei bescheidenen 0,08 US-Dollar.[47]

Im Emissionshandelssystem wiederum betrug der Höchstpreis pro Tonne im selben Jahr fast 80 Franken oder umgerechnet etwas über 83 US-Dollar. In den meisten EU-Ländern war 2022 die Tonne CO_2 für Unternehmen, die nicht über das EHS abrechnen, damit billiger zu haben als für die EHS-Firmen. Eine Ausnahme bildet Schweden mit einem nationalen CO_2-Preis von rund 130 US-Dollar. Für schwedische und Schweizer Firmen ist also das Emissionshandelssystem im Vergleich zum nationalen CO_2-Preis ein sehr guter Deal.

In Polen zahlen die EHS-Anlagen ziemlich sicher mehr für ihre Treibhausgasemissionen als die Firmen, die nicht beim EHS mitmachen. Bei Frankreich, Deutschland und Slowenien müsste man im Einzelnen genauer überprüfen, um zu beurteilen, wer günstiger fährt. Denn die EHS-Firmen müssen ja bei Weitem nicht für jede Tonne ein Emissionsrecht kaufen. Zudem wird aus der WIFO-Studie nicht vollends klar, für welche Treibhausgasemissionen die jeweils aufgeführten CO_2-Preise genau gelten. Ob die Abgaben also auch auf die Brennstoffemissionen der Firmen außerhalb des EHS oder beispielsweise nur auf Treibstoffemissionen erhoben werden, müsste man für jedes Land genauer anschauen.

Was es für ein einzelnes Unternehmen heißt, am Emissionshandelssystem teilzunehmen oder eben nicht, muss also immer im Rahmen der jeweiligen nationalen Gesetzgebung analysiert werden. Genau das haben wir gemacht, und zwar für die gesamte vergangene Handelsperiode, also von 2013 bis 2020, und für jede einzelne EHS-Industrieanlage der Schweiz. Die Ergebnisse unserer Recherche präsentieren wir in den folgenden Kapiteln.

Kapitel 1 untersucht, wie sich die konkreten Emissionswerte über die Jahre entwickelt haben, und geht der Frage nach, ob dank dem Emissionshandelssystem tatsächlich CO_2 reduziert werden konnte. Kapitel 2 nimmt die Gratisemissionsrechte genauer unter die Lupe. Der Bund teilt allen Firmen im EHS kostenlose Emissionszertifikate zu. Viele Konzerne erhielten sogar mehr Gratisrechte, als sie selbst benötigten. Wir zeigen auf, wer wie reich beschenkt wurde und vor allem wieso.

Kapitel 3 thematisiert ein Privileg, das unter den EHS-Teilnehmern nur die Schweizer Firmen genießen: die Rückverteilung der CO_2-Abgabe. Grundsätzlich dürfen nur ein paar wenige, hauptsächlich große Firmen ihre Treibhausgasemissionen im Emissionshandelssystem abrechnen. Damit ist es für sie nicht nur günstiger, Emissionen zu verursachen. Sie profitieren außerdem direkt von der CO_2-Abgabe, die in der Schweiz von den meisten anderen Unternehmen bezahlt werden muss. Wir schauen uns an, wie diese »Klimaumverteilung« von der Mehrzahl der Schweizer Unternehmen zu den EHS-Konzernen genau funktioniert.

Wie viel hätten die Schweizer EHS-Firmen bezahlen müssen, wenn ihnen für jede Emissionstonne die CO_2-Abgabe in Rechnung gestellt worden wäre? Wie viel bezahlten sie in den vergangenen Jahren stattdessen für ihre Emissionsberechtigungen im EHS? Und wie viel Gewinn könnten die Firmen machen, wenn sie die Emissionsrechte verkaufen würden, die sie nach der letzten Handelsperiode noch übrig hatten? Diesen Fragen gehen wir in Kapitel 4 nach. Klar ist: Von 2013 bis 2020 subventionierte der Staat die emissionsintensivsten Firmen des Landes mit Summen in Milliardenhöhe. Ob dies gerechtfertigt war, diskutieren wir in Kapitel 5.

In Kapitel 6 lassen wir die vergangene Handelsperiode hinter uns und blicken nach vorn. Denn die EU plant Reformen, die das EHS aus der Geiselhaft der globalisierten Industrie befreien und zu einer tatsächlichen Dekarbonisierung führen könnten. Wirklich einschneidende, aber zielführende Anpassungen lassen noch eine Weile auf sich warten.

Wegen des Emissionshandelssystems gelten in der Schweiz nicht für alle dieselben Regeln, wenn es darum geht, für die eigene Klimaverschmutzung zu bezahlen. Aber kann deshalb das EHS ganz grundsätzlich infrage gestellt werden, oder schüttet man so das Kind mit dem Bade aus? Antworten darauf liefert dieses Buch im siebten und letzten Kapitel.

2013
2014
2015

Kapitel 1

Weniger CO_2 dank Emissionshandel? Eine Bilanz der letzten Jahre

Im Schweizer Emissionshandelssystem werden Rechte für den Ausstoß von CO_2 gehandelt. Große Schweizer Industriekonzerne rechnen ihre Klimakosten darüber ab. Das erklärte Ziel des EHS ist die Reduktion der Treibhausgasemissionen in den Bereichen Schwerindustrie und Energieproduktion. Das wäre besonders wichtig, weil die EHS-Firmen die schweizweit höchsten Emissionen haben. Laut dem eidgenössischen Emissionshandelsregister reduzierten alle EHS-Anlagen gemeinsam in den acht Jahren der letzten Handelsperiode ihre Emissionen zwar tatsächlich um insgesamt 0,6 Millionen Tonnen. Doch die Zahlen sind wenig aussagekräftig, weil sie durch Austritte und Schließungen verfälscht sind. Fest steht, dass die Schweizer Industrie in diesem Tempo bis 2050 nicht auf Netto-Null kommt.

Das primäre Ziel des Emissionshandelssystems ist die Verminderung des Treibhausgasausstoßes in den emissionsintensivsten Sektoren. Das EHS will dieses Ziel erreichen, indem es einen Markt schafft, auf dem nur ein Gut gehandelt wird, das Recht, CO_2 auszustoßen. Die Hoffnung dahinter ist simpel: Die Emissionen sollen dadurch reduziert werden, dass sie einen Preis bekommen.

Bei den Firmen, die in der Schweiz ihre Klimakosten über das EHS abrechnen, handelt es sich vorwiegend um große Industriekonzerne mit hohen Emissionen, zum Beispiel Zementwerke, Raffinerien, Papierfabriken, Aluminium- und Stahlkonzerne oder Pharmaunternehmen. Es sind also jene, bei denen die Politik als Erstes den Hebel ansetzen müsste – sollte man zumindest meinen.

Das EHS von 2013 bis 2020: Industrieanlagen, die ihre Treibhausgasemissionen im EHS abrechneten

In der vergangenen Handelsperiode nahmen fünf Verwaltungseinheiten beziehungsweise öffentlich-rechtliche Anstalten sowie 33 Firmen mit 56 verschiedenen Industrieanlagen am EHS teil – wenn auch nicht alle durchgehend.

Anlage, Standort	**Unternehmensbeschreibung**
BASF Kaisten	Herstellung von Kunststoffen und chemischen Stoffen
Ciments Vigier, Péry	Herstellung von Zement
CIMO Monthey	Dienstleistungsunternehmen, das die multinationalen Unternehmen Syngenta, Hunstman, Sun Chemical und BASF am Chemiestandort Monthey bei der Herstellung von chemischen Produkten in den Bereichen technische Wartung, Sicherheit, Umwelt, Energieerzeugung und Abfallbehandlung unterstützt
Gemeinde Lausanne Heizwerk Bossons	Versorgung der Gemeinde Lausanne mit Wärme; Aufbereitung von Abwasser
Gemeinde Lausanne Heizwerk Malley	
Gemeinde Lausanne Heizwerk Pierre-de-Plan	
Gemeinde Lausanne **STEP**	
Constellium Valais Sierre-Chippis	Herstellung von Aluminiumprodukten
Constellium Valais Steg	

Anlage, Standort	**Unternehmensbeschreibung**
Dottikon Exclusive Synthesis, Dottikon	Herstellung chemischer Produkte
DSM Nutritional Products Sisseln	Herstellung von Vitaminen, Pharmazeutika, Stoffen für die kosmetische Industrie und weiteren chemischen Produkten
ERZ Aubrugg Herzogenmühle	Dienstabteilung der Stadt Zürich; Sammlung, Verwertung und Entsorgung fester und flüssiger Abfälle
ERZ, Hagenholzstrasse	
ERZ, Regina-Kägi-Hof	
ERZ, Josefstrasse	
ewb Energiezentrale Forsthaus Murtenstrasse	Öffentlich-rechtliche Anstalt im Besitz der Stadt Bern; Versorgung mit Strom, Wasser, Wärme und Erdgas; Abfallverwertung
F. Hoffmann-La Roche Basel	Herstellung pharmazeutischer Produkte
Flughafen Zürich Flughafen Kloten	Betrieb des Flughafens Zürich; Kanton Zürich als größter Einzelaktionär der Flughafen Zürich AG
Flumroc, Flums	Herstellung von Steinwolle
GETEC PARK Schweizerhalle	Planung, Bau und Betrieb von Energieversorgungsanlagen
GZM Extraktionswerk Lyss	Verwertung und Verarbeitung von Schlachtabfällen; trat Ende 2019 aus dem EHS aus
Holcim, Eclépens	Einer der größten Baustoffproduzenten der Welt und einer von drei Zementherstellern in der Schweiz
Holcim, Siggenthal	
Holcim, Untervaz	
IWB Fernheizkraftwerk Volta, Voltastrasse	Öffentlich-rechtliche Anstalt im Besitz des Kantons Basel-Stadt; tätig in den Bereichen Strom-, Wasser-, Erdgas- und Fernwärmeversorgung, Kehrichtverwertung, Energie- und Telekommunikationsdienstleistungen
IWB fossile Heizkessel Hagenaustrasse	
IWB Heizwerk Bahnhof Solothurnerstrasse	
IWB Heizwerk Rosenthal, Maulbeerstrasse	
Jura-Cement-Fabriken Cornaux	Herstellung von Zement
Jura-Cement-Fabriken Wildegg	

Anlage, Standort	**Unternehmensbeschreibung**
Kalkfabrik Netstal Netstal	Produktion und Verarbeitung von Baustoffen; einzige Kalkfabrik der Schweiz
Kimberly-Clark (neu Tela GmbH) Niederbipp	Herstellung von Hygieneartikeln; ging Ende 2020 in den Besitz der deutschen Unternehmerfamilie Queck über; produziert seither unter dem Namen Tela GmbH
Lonza Visp	Chemiekonzern; Herstellung von Kunststoffen und chemischen Stoffen; produziert seit 2021 unter anderem Wirkstoffe für die COVID-19-Impfung
Model AG Niedergösgen	Herstellung von Verpackungen aus Karton
Model AG, Weinfelden	
Novelis Fonderie, Sierre	Verarbeitung von Aluminium
Novelis Laminoirs Sierre	
Perlen Papier Perlen	Herstellung von Zeitungs- und Magazinpapier; betreibt die größte Altpapier-Recyclinganlage der Schweiz
Schweizer Zucker AG Aarberg	Einziges Unternehmen, das in der Schweiz Zuckerrüben zu Zucker verarbeitet
Schweizer Zucker AG Frauenfeld	
Siegfried Evionnaz SA Evionnaz	Herstellung von Arzneimitteln
SI Group Pratteln	Chemiekonzern; Herstellung von Pharmazeutika, Kunststoffen, Öl, Gas und Reifen
SIG Wärmekraftwerk Lignon	Öffentlich-rechtliches Infrastrukturunternehmen unter Aufsicht des Kantons Genf; tätig unter anderem in den Bereichen Trink- und Abwasser, Abfallbeseitigung, Erdgas- und Wärmeversorgung, Stromverteilung und -erzeugung
Stahl Gerlafingen AG Gerlafingen	Produktion von Stahl aus Eisenschrott
Steeltec AG Emmenbrücke	Produktion von Stahl aus Eisenschrott
Tamoil Raffinerie Collombey	Ehemalige Erdölraffinerie; stellte im März 2015 den Betrieb ein
Transitgas Station Ruswil	Bau, Besitz, Unterhalt und Betrieb eines Erdgas-Transportsystems
Utzenstorf Papier Utzenstorf	Produktion von Papier; Produktion Ende 2017 eingestellt (Konkurs)

Anlage, Standort	**Unternehmensbeschreibung**
Valorec (2020–2021 Veolia Industry Building – Switzerland AG, seit 2022 Bouygues E&S Schweiz AG) Kesselhaus Klybeck	Geschäftsschwerpunkte in den Bereichen Wasser, Abwasser, Abfallentsorgung und Energieversorgung; heißt seit 2020 Veolia Industry Building – Switzerland AG; Anlage am Standort St. Johann trat Ende 2016 aus dem EHS aus; Anlage Kesselhaus Klybeck wechselte 2022 den Betreiber, läuft seither unter dem Betreibernamen Bouygues E&S Schweiz AG; Entwicklungen dieser Industrieanlage wegen vieler Namenswechsel und weil Zusatz »Kesselhaus Klybeck« aus der Bezeichnung im Emissionshandelsregister mittlerweile verschwunden ist, lediglich über die Genehmigungsnummer 2013–60215 lückenlos nachvollziehbar; Veolia aktuell nur noch mit der regionalen Sondermüllverwertungsanlage (RSMVA) in Basel im EHS
Valorec (neu Veolia Industry Building - Switzerland AG) RSMVA	
Valorec St. Johann	
VARO Refining, Cressier	Einzige Erdölraffinerie der Schweiz
Vetropack St-Prex	Herstellung von Verpackungsglas für die Getränke- und Nahrungsmittelindustrie
Weidmann Electrical Technology, Rapperswil	Konstruktion, Entwicklung und Betrieb von Transformatoren
Ziegler Papier Grellingen	Produktion von Spezialpapier; Produktion Mitte 2016 eingestellt (Konkurs)
ZZ Wancor Bürglen	Teil der swisspor-Gruppe, einer international tätigen Unternehmensgruppe; spezialisiert auf das Dämmen, Dichten und Schützen von Gebäudehüllen; hieß zwischenzeitlich ZZ Wancor, heute wieder Zürcher Ziegeleien; Anlagenname im Emissionshandelsregister weiterhin ZZ Wancor

Quelle: Schweizer Emissionshandelsregister und eigene Recherchen

Doch konnte das Emissionshandelssystem die Treibhausgase aus der Schweizer Industrie in den letzten Jahren wie versprochen senken? Um diese Fragen zu beantworten, haben wir uns die Zahlen aus der letzten Handelsperiode für jeden einzelnen EHS-Konzern ganz genau angeschaut.*

* Bei den im Text besprochenen Beispielen sind die Emissionsmengen, später auch die Anzahl Zertifikate oder Angaben zu den Kosten, gerundet. Die genauen Daten sind in den jeweiligen Tabellen aufgeführt.

Von 2013 bis 2020 waren im EHS fünf Verwaltungseinheiten beziehungsweise öffentlich-rechtliche Anstalten sowie 33 Firmen mit insgesamt 56 verschiedenen Industrieanlagen registriert. In der Schweiz gibt es über 600 000 Firmen.[1] Die EHS-Konzerne entsprechen also nicht einmal 0,01 Prozent aller Schweizer Unternehmen. Ihre Emissionswerte sind aber beträchtlich. Sie lagen bei der klimaschädlichsten EHS-Anlage 2020 bei fast 900 000 Tonnen Treibhausgasen. Um das ein wenig einzuordnen: Ein Economy-Flug von Zürich nach Nairobi verursacht etwa eine Tonne.[2] Laut dem BAFU erzeugte jede in der Schweiz lebende Person im Jahr 2020 durchschnittlich rund 12 Tonnen Treibhausgase. Davon wurden 4 Tonnen im Inland ausgestoßen.[3] Der Inselstaat Kap Verde brachte es 2020 auf rund 500 000 Tonnen CO_2.[4] 2020 verursachte die Verbrennung des gesamten Schweizer Mülls 4,2 Millionen Tonnen.[5]

Im selben Jahr wurden auf Schweizer Boden im Ganzen 43,9 Millionen Tonnen Treibhausgase freigesetzt.[6] Die etwas über fünfzig Industrieanlagen, die damals ihre Emissionen im EHS abrechneten, machten 2020 mit insgesamt 4,9 Millionen Tonnen Emissionen gut 11 Prozent dieser inländischen Emissionen aus. Eine Handvoll EHS-Firmen hat zu diesen 11 Prozent besonders viel beigesteuert. Es sind der Chemiekonzern Lonza, das Chemiedienstleistungsunternehmen CIMO, die drei Zementhersteller Holcim, Ciments Vigier und Jura Cement mit ihren insgesamt sechs Werken, die Erdölraffinerie VARO und die Stahl Gerlafingen AG. Diese zehn EHS-Anlagen verursachten 2020 zusammen 3,9 Millionen Tonnen Treibhausgase, was fast 9 Prozent der inländischen Treibhausgase entspricht. Im EHS versammeln sich also die Konzerne mit den richtig hohen Emissionswerten.

Zu Beginn der letzten Handelsperiode im Jahr 2013 emittierten alle EHS-Firmen zusammen gemäß dem nationalen Emissionshandelsregister 5,5 Millionen Tonnen Treibhausgase.[7] Am

Ende der Handelsperiode 2020 waren in diesem Register, wie bereits erwähnt, noch 4,9 Millionen Tonnen aufgelistet. Das entspricht einer Reduktion von 0,6 Millionen Tonnen Treibhausgasen. Es wäre aber sehr vereinfacht, die Wirksamkeit des EHS

Entwicklung der Emissionen von 2013 bis 2020 in der Übersicht

Die meisten EHS-Anlagen emittierten jährlich weniger als 100 000 Tonnen Treibhausgase. Ein paar Konzerne sind aber für deutlich mehr Klimaverschmutzung verantwortlich. 2020 verursachte die Lonza AG mit ihrer Anlage in Visp mehr Emissionen aus fossilen Brennstoffen als die Stadt Zürich auf ihrem gesamten Territorium.

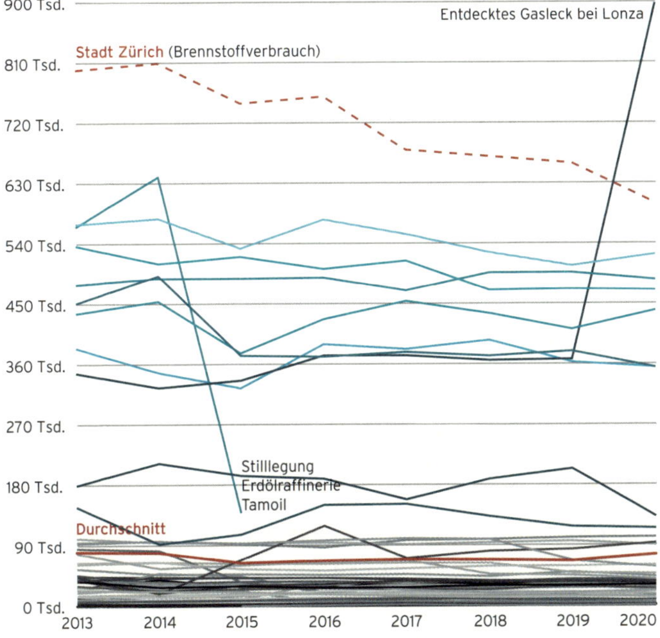

Eine Einheit entspricht jeweils einer Tonne CO_2-Äquivalente.

Datenquellen: Schweizer Emissionshandelsregister und Stadt Zürich Präsidialdepartement

allein an dieser Zahl zu messen. Denn zwischen 2013 und 2020 ist so einiges geschehen.

Zum Beispiel wurde 2015 die Erdölraffinerie Tamoil stillgelegt.[8] Tamoil steuerte 2014 noch 640 100 Tonnen Emissionen zum nationalen Total bei. 2015 sanken sie auf 139 200 Tonnen. 2016 fielen sie ganz weg. Andererseits erhöhte ein Leck beim Chemieunternehmen Lonza[9] die dokumentierten Emissionen sprunghaft, und zwar so stark, dass der CO_2-Ausstoß dieser einen Lonza-Fabrik nach 2019 höher war als die Emissionen aus dem Verbrauch fossiler Brennstoffe auf dem gesamten Gebiet der Stadt Zürich.[10] Die Entwicklungen der im EHS abgerechneten Emissionen beruhen also bei Weitem nicht nur auf Klimaschutzbemühungen. Wer wirklich herausfinden will, ob das Emissionshandelssystem die Emissionen der EHS-Firmen reduzieren konnte oder nicht, muss deshalb jede Industrieanlage einzeln unter die Lupe nehmen.

Nicht jede Reduktion ist eine Dekarbonisierung

Es gibt durchaus Entwicklungen, die optimistisch stimmen. Zumindest auf den ersten Blick. Ein Unternehmen, das seine Emissionen in der letzten Handelsperiode stark gesenkt hat, ist die Perlen Papier AG.[11] Stieß die Fabrik 2013 noch 86 300 Tonnen Treibhausgase aus, waren es 2020 nur noch 7900 Tonnen – das ist eine Reduktion um 90,8 Prozent. »Der Rückgang ist hauptsächlich auf den Dampfbezug von der KVA Renergia zurückzuführen«, schreibt die Papierfabrik auf Anfrage. Anstatt fossile Energieträger wie Erdgas oder Öl zu verbrennen, bezieht Perlen die benötigte Wärme heute von der Kehrichtverbrennungsanlage (KVA) Renergia.

Dass die Wärme, die bei der Verbrennung unseres Abfalls entsteht, nochmals genutzt wird, ist unbestritten sinnvoll. Ein Aber gibt es trotzdem. Denn laut der Kehrichtverbrennungsanlage Renergia ist der bei ihnen verbrannte Abfall zu 50 Prozent fossiler Herkunft, also Plastik. Und natürlich entstehen in der KVA auch dann Treibhausgase, wenn Plastik verbrannt wird. Diese Emissionen landen aber nicht mehr auf der Klimarechnung von Perlen Papier. Für das CO_2 aus der Verbrennung von Plastikmüll in der KVA Renergia muss die Papierfabrik dementsprechend keine Emissionsrechte abgeben. Außerdem tauchen diese CO_2-Emissionen nicht auf der Gesamtabrechnung des EHS auf. Denn die rund dreißig Kehrichtverbrennungsanlagen der Schweiz haben bezüglich CO_2 einen Sonderdeal mit dem Bund.[12] Sie müssen weder am EHS teilnehmen, noch bezahlen sie die CO_2-Abgabe.

Das Beispiel der Papierfabrik zeigt für das EHS: Nicht jede Reduktion der im EHS gelisteten Emissionen beruht tatsächlich auf einer Dekarbonisierung des industriellen Prozesses. Im Fall von Perlen Papier wurden die fossilen Brennstoffe zumindest teilweise einfach durch Plastikmüll ersetzt, der in einer KVA verbrannt wird. Da die KVAs nicht im EHS sind, reduziert das zwar die dort dokumentierten Treibhausgastonnen, verschwunden sind die Emissionen damit aber nicht. Sie wurden lediglich in einen anderen Sektor verschoben.

Es gibt ein weiteres Szenario, bei dem zwar die im EHS gelisteten Emissionen zurückgehen, die dahinterstehende Industrie aber nicht unbedingt klimafreundlicher geworden ist – nämlich, wenn die industriellen Prozesse einfach verschwinden. Das ist zum Beispiel bei der Industrieanlage Kesselhaus Klybeck in Basel so geschehen. 2020 verzeichnet das Kesselhaus 64,9 Prozent weniger Emissionen als noch 2013. Bei der Anlage änderte sich in den letzten Jahren zuerst der Name des Betreiberkontos und später auch der Betreiber selbst. Die gleichbleibende Genehmigungsnummer ermöglicht aber die Nachverfolgung einzelner Anlagen, auch wenn Namen oder Betreiber wechseln (vgl. Tabelle S. 41).

Entwicklung der Emissionen von 2013 bis 2020 im Detail

Die Entwicklungen der jeweiligen Emissionsmengen sind sehr unterschiedlich. Einige Zahlen sind mit Bedacht zu interpretieren, da gewisse EHS-Anlagen miteinander verknüpft sind und ihre Emissionen dementsprechend gesamthaft anzuschauen sind. Sortiert ist die Tabelle nach der Emissionsmenge im Jahr 2013.

Anlagenname	Entwicklung	2013	2014	2015	2016	2017	2018	2019	2020
Holcim, Siggenthal	−8,0	569 854	578 242	533 693	576 549	554 525	527 374	507 450	524 362
Tamoil, Raffinerie Collombey		565 912	640 087	139 223	Schließung der Anlage				
Ciments Vigier, Péry	−12,4	537 805	511 191	521 398	503 050	514 998	470 987	472 572	470 918
Jura-Cement-Fabriken, Wildegg	1,5	479 345	488 945	488 817	489 989	470 390	496 965	497 318	486 346
Holcim, Eclépens	−21,3	451 693	492 561	373 684	372 035	378 731	372 877	379 836	355 389
Holcim, Untervaz	0,9	436 624	454 556	377 403	427 795	454 534	436 159	412 539	440 436
VARO Refining, Cressier	−7,6	384 969	348 568	325 303	390 622	383 242	396 253	363 529	355 617
Lonza, Visp	158,5	347 676	326 073	336 686	373 781	373 555	366 296	367 850	898 671
Jura-Cement-Fabriken, Cornaux	−26,1	180 226	213 127	194 549	189 922	158 724	189 205	204 415	133 163
CIMO, Monthey	−21,9	148 215	93 007	107 011	150 894	151 976	133 586	118 339	115 689
GETEC PARK, Schweizerhalle	−10,6	101 465	95 045	94 022	94 926	91 995	94 465	96 701	90 688
DSM Nutritional Products, Sisseln	−39,6	95 512	97 251	93 744	98 126	100 893	99 497	67 911	57 692
Stahl Gerlafingen AG, Gerlafingen	9,1	94 113	97 366	92 500	87 734	98 221	99 404	102 036	102 683
Perlen Papier, Perlen	−90,8	86 339	83 156	35 907	20 895	12 893	9727	9749	7946
IWB Fernheizkraftwerk Volta, Voltastrasse	−49,5	78 420	56 242	60 855	65 624	68 091	46 943	45 279	39 599
Kalkfabrik Netstal, Netstal	−6,0	64 893	65 696	55 127	52 818	55 747	58 920	59 285	60 979

Anlagenname	Entwicklung	2013	2014	2015	2016	2017	2018	2019	2020
Steeltec AG, Emmenbrücke	−24,3	62 637	65 399	63 396	62 921	64 318	63 696	48 814	47 388
Valorec, RSMVA	−22,2	55 772	47 282	47 580	46 308	47 136	43 651	50 109	43 398
SIG Wärmekraftwerk, Lignon	−16,6	46 453	34 315	36 340	36 654	34 770	36 055	39 587	38 719
Utzenstorf Papier, Utzenstorf		44 057	43 010	41 691	41 734	38 620	Konkurs		
ewb Energiezentrale Forsthaus, Murtenstr.	115,1	43 617	18 907	69 083	119 737	71 246	81 727	84 436	93 811
Vetropack, St-Prex	−24,9	41 847	33 563	34 127	30 053	31 513	33 441	32 746	31 417
BASF, Kaisten	−9,2	39 134	41 653	42 080	41 755	40 138	37 544	36 732	35 552
ERZ Aubrugg, Herzogenmühle	−13,6	39 098	19 733	30 494	32 282	37 302	34 525	35 746	33 780
Gemeinde Lausanne, Heizwerk Pierre-de-Plan	−18,0	37 665	28 327	29 430	27 068	27 561	30 266	30 038	30 870
F. Hoffmann-La Roche, Basel	−42,0	37 454	30 356	30 891	32 888	23 511	19 209	19 780	21 728
Flumroc, Flums	−17,3	36 652	35 912	30 812	33 778	35 107	35 997	33 635	30 322
Flughafen Zürich, Flughafen Kloten	−17,4	30 600	23 036	25 013	26 251	24 896	23 916	29 333	25 261
Ziegler Papier, Grellingen		28 637	28 425	22 477	4667	Konkurs			
Schweizer Zucker AG, Aarberg	9,2	27 695	34 783	28 480	26 970	32 221	29 390	33 628	30 242
Schweizer Zucker AG, Frauenfeld	30,3	27 125	39 289	28 283	27 799	34 892	31 771	36 667	35 340
IWB Heizwerk Bahnhof, Solothurnerstrasse	−19,8	26 619	18 589	17 372	22 087	23 737	22 842	19 196	21 352
Transitgas, Station Ruswil	21,3	24 242	48 983	44 305	19 902	27 004	28 098	33 601	29 398
SI Group, Pratteln	10,7	24 143	23 080	24 935	27 382	25 807	25 857	26 746	26 733
Constellium Valais, Steg	−46,0	23 156	22 191	20 957	17 085	14 817	14 400	14 881	12 501
ZZ Wancor, Bürglen	14,9	20 410	26 007	10 220	34 544	33 119	30 859	28 742	23 452
Novelis Fonderie, Sierre	8,5	16 063	17 138	17 235	17 747	18 436	19 380	20 327	17 423

Anlagenname	Entwicklung	2013	2014	2015	2016	2017	2018	2019	2020
IWB fossile Heizkessel, Hagenaustrasse	−18,9	16 054	13 578	18 489	17 991	20 549	18 713	18 506	13 020
GZM Extraktionswerk, Lyss	23,7	14 972	13 829	16 265	17 535	17 534	18 073	18 525	EHS-Austritt
Model AG, Niedergösgen	−51,8	14 910	5390	8132	6606	4768	5733	6934	7187
IWB Heizwerk Rosenthal, Maulbeerstrasse	−9,5	14 828	13 602	15 313	19 507	18 501	15 814	15 114	13 417
Novelis Laminoirs, Sierre	5,2	13 402	14 964	16 554	17 491	17 296	15 633	15 941	14 096
Valorec, Kesselhaus Klybeck	−64,9	13 132	8959	7631	8044	7079	5074	3694	4614
Valorec, St. Johann		10 778	1669	1145	637	EHS-Austritt			
Weidmann Electrical Technology, Rapperswil	−23,3	8953	6993	8004	8296	7606	6762	7090	6866
Constellium Valais, Sierre-Chippis	−50,7	8823	7504	7934	7441	6353	5751	5780	4347
Kimberly-Clark, Niederbipp	59,5	8491	9975	11 216	12 500	11 436	11 921	13 065	13 543
Siegfried Evionnaz SA, Evionnaz	−5,4	7292	7231	7047	6954	7398	7197	7866	6895
Gemeinde Lausanne, STEP	28,5	6737	8073	8349	10 349	10 998	9636	8390	8660
Model AG, Weinfelden	8,4	6261	6381	6987	6999	7018	7155	6832	6784
ERZ, Josefstrasse	−13,2	3916	2167	2828	3504	3638	4161	3743	3398
Dottikon Exclusive Synthesis, Dottikon	−63,1	3702	2951	3068	3449	3304	2169	1790	1367
Gemeinde Lausanne, Heizwerk Malley	−90,6	1347	236	644	70	264	268	105	126
ERZ, Hagenholzstrasse	−99,3	937	329	160	428	655	684	132	7
ERZ, Regina-Kägi-Hof	693,2	44	69	24	98	321	357	148	349
Gemeinde Lausanne, Heizwerk Bossons	236,5	Beitritt 2015		219	1113	2069	477	218	737
Total	−11,5	**5 510 716**	**5 444 991**	**4 665 132**	**4 773 384**	**4 701 453**	**4 576 860**	**4 493 426**	**4 874 278**

0 180 000 900 000

Eine Einheit entspricht jeweils einer Tonne CO_2-Äquivalente.

Datenquelle: Schweizer Emissionshandelsregister

Die Industrieanlage Kesselhaus Klybeck steht auf dem sogenannten Klybeck-Areal, ein ehemaliges Industriegebiet in Basel. Das Areal gehörte früher dem Pharmakonzern Novartis und dem Chemiekonzern BASF. Beide verkauften 2019 ihre Anteile.[13] Heute gehört es der Versicherung Swiss Life und der Rhystadt AG.

Auf die Frage, wie die stolze Reduktion erreicht werden konnte, bekamen wir denn auch nicht von der aktuellen Inhaberin des EHS-Kontos und eigentlichen Betreiberin der Anlage, also der Bouygues E&S Schweiz AG, eine Antwort, sondern von der Rhystadt AG: »Das Klybeck-Areal zwischen Rhein und Wiese wird ›transformiert‹ und wächst in den nächsten Jahrzehnten schrittweise mit den umliegenden Quartieren zusammen.« Die tieferen Emissionen stehen also vielmehr für die Deindustrialisierung eines Quartiers als für eine Dekarbonisierung einer Industrie. Zum Beispiel schloss Novartis Ende Mai 2017 die chemisch-pharmazeutische Produktion im sogenannten Bau 640 auf dem Klybeck-Areal.[14] Wo früher das Kesselhaus Klybeck also die chemische Großindustrie mit Energie belieferte, entsteht heute ein neuer Stadtteil.

Die sinkenden Emissionswerte sind laut der Rhystadt AG auf die Veränderung des Nutzungsmixes inklusive den Wegfall großindustrieller Produktion zurückzuführen. Von den früher industriell genutzten Liegenschaften würden viele nicht mehr benötigt oder anders genutzt. Auf dem Werkareal würden heute gegen 2500 Menschen arbeiten, forschen und ausgebildet werden. »Das Kesselhaus Klybeck erzeugt Dampf, welcher auf dem Areal für die Produktion und für die Komfortwärme genutzt wird. Die Emissionen entstehen durch den Einsatz von Erdgas für die Dampferzeugung«, so die Rhystadt AG weiter. Die Reduktion der Emissionswerte spiegelt also in erster Linie nicht die Dekarbonisierung der chemischen Produktionsabläufe wider, die zuvor auf dem Klybeck-Areal in den ehemaligen Werkhallen von BASF und

Novartis angesiedelt waren. Während die Produktion von Chemiegütern wahrscheinlich andernorts weiter betrieben wird, beheizt das Kesselhaus auf dem Klybeck-Areal heute Büros, Forschungslabors, Restaurants, Veranstaltungsorte, das Gewerbe und das, was von der industriellen Produktion noch übrig geblieben ist.[15]

Auch bei einem weiteren Basler EHS-Teilnehmer sind die im EHS registrierten Treibhausgasreduktionen nicht einfach auf Klimaschutzbemühungen zurückzuführen. Der Pharmariese F. Hoffmann-La Roche reduzierte die Emissionen an seinem Hauptsitz in Basel von 2013 bis 2020 um 42 Prozent. Den größten Sprung machte das Unternehmen 2017. In dem Jahr sanken die Treibhausgase von 32 900 auf 23 500 Tonnen. Auf Anfrage verweist der Konzern zwar auch auf die Umsetzung eines neuen Energieleitbildes. Zugleich ist der Standort Basel seit 2017 aber gar kein Produktionsstandort mehr. »Der Standort Basel gilt [...] als ›Launch-Site‹ und nicht mehr als klassische ›Produktions-Site‹. Energieintensive, grössere Produktionsprozesse wurden an andere Standorte wie z. B. Kaiseraugst verlagert«, erklärt Roche.

Roche ist mit dem Standort Kaiseraugst aber erst seit 2021 im EHS. Emissionen, die vor 2021 von Basel nach Kaiseraugst verschoben wurden, verschwanden deshalb zwischenzeitlich aus der EHS-Statistik. Deshalb führte diese konzerninterne Verlagerung für die Handelsperiode 2013 bis 2020 zu einer Reduktion der im EHS dokumentierten Emissionen. Mit Klimaschutz hat auch diese Abnahme nichts zu tun.

Das bedeutet, sinkende Werte der im EHS gelisteten Emissionen können ambitionierten Klimaschutzmaßnahmen entspringen, müssen es aber nicht. Denn die Emissionswerte im EHS gehen auch dann zurück, wenn die Treibhausgase einfach in andere Sektoren außerhalb des EHS verschoben werden, wie beim

Beispiel der Papierfabrik Perlen und der Kehrichtverbrennungsanlage Renergia, oder wenn industrielle Prozesse einfach ganz von dem im EHS erfassten Produktionsstandort verschwinden. Deshalb ist grundsätzlich Vorsicht geboten, wenn der Erfolg des EHS rein über die Veränderung der darin aufgeführten Treibhausgastonnen gemessen wird.

Aus diesem Grund wollten wir auch von weiteren Industrieanlagen mit hohen Reduktionen wissen, wie genau sie ihre Treibhausgase so stark senken konnten, zum Beispiel vom Chemiekonzern Dottikon Exclusive Synthesis (– 63,1 Prozent Emissionen) oder dem Aluminiumverarbeiter Constellium Valais mit seinen zwei EHS-Standorten (– 50,7 und – 46 Prozent Emissionen). Eine Antwort erhielten wir jedoch auch auf mehrfache Nachfrage hin nicht.

Rauf statt runter mit den Emissionen

Zu beobachten sind leider auch entgegengesetzte Entwicklungen. Bei achtzehn Industrieanlagen nahmen die Emissionen in der letzten Handelsperiode trotz Teilnahme am EHS sogar noch zu. Eine von ihnen ist die GZM Extraktionswerk AG in Lyss, die Schlachtabfälle verarbeitet. Im Jahr 2013 verursachte sie 15 000 Tonnen Treibhausgase. 2019 waren es etwa 18 500 Tonnen. »Die Zunahme der Treibhausgase in der Periode von 2013 bis 2019 ist weder technischen noch finanziellen Hürden geschuldet, sondern systemisch bedingt«, schreibt uns der Leiter Unternehmenskommunikation der Centravo-Gruppe, zu der auch die GZM gehört. Schließlich sei alles davon abhängig, was bei ihnen angeliefert wird. Je nachdem, wie viele und welche Tiere geschlachtet werden, gehen die Treibhausgasemissionen bei der GZM hoch oder runter. Ende 2019 verließ die GZM das Emissionshandelssystem.

Spitzenreiter im negativen Sinn ist in Bezug auf die CO_2-Reduktionen jedoch der Chemiekonzern Lonza. Am Ende der letzten Handelsperiode schienen die Emissionen der Walliser Produktionsstätte um 158,5 Prozent höher zu sein als am Anfang. Schienen, weil Lonzas Emissionen mit großer Wahrscheinlichkeit bereits zum Start der Handelsperiode, also 2013, so hoch waren. Nur tauchten sie von 2013 bis 2019 nicht in der Emissionsabrechnung des Chemiekonzerns auf.

Der Grund war der: Bei einer Kontrollmessung im Frühjahr 2017 entdeckte man bei der Lonza AG in Visp ein Leck, aus dem Lachgas mit einer Klimawirkung von rund 600 000 Tonnen CO_2 pro Jahr austrat – und das schon seit Längerem.[16] Erst 2020 wurden die Emissionen aus dem Leck auf dem EHS-Konto der Lonza dokumentiert und die Werte sprangen von rund 360 000 auf fast 900 000 Tonnen. Lachgas ist wie CO_2 ein Treibhausgas. Es ist aber rund 300-mal so klimaschädlich wie CO_2.[17] Um die verschiedenen Treibhausgase einheitlich zu erfassen, werden sie auf die Klimawirkung von CO_2 umgerechnet. Man spricht dann von CO_2-Äquivalenten.

Auch die Schwankungen der Lonza-Emissionen sind also vorwiegend nicht auf einen guten oder schlechten Klimaschutz zurückzuführen, sondern lediglich auf fehlerhafte Messmethodik und mangelhafte technische Wartung.

Wärmesysteme müssen zusammen betrachtet werden

Prozentual am meisten gestiegen sind die Emissionen faktisch bei der Wärmeproduktionsanlage Regina-Kägi-Hof von Entsorgung + Recycling Zürich (ERZ). Doch auch diese Entwicklung hat ihren Ursprung nicht in gutem oder schlechtem Klimaschutz. ERZ gleicht mit insgesamt vier fossil betriebenen Anlagen Schwankungen im Fernwärmenetz aus. Entsprechend betont

ERZ, dass das Fernwärmenetz mit all seinen Wärmeproduktionsanlagen als ein System betrachtet werden müsse. Welche Anlage in Betrieb gesetzt werde und welche nicht, habe technische Gründe.

Tatsächlich sind die Emissionen über alle vier Anlagen, mit denen ERZ im EHS vertreten ist, von 2013 bis 2020 von 44 000 Tonnen auf 37 500 Tonnen Treibhausgase gesunken. Der Anstieg bei der Anlage am Regina-Kägi-Hof sei auf eine technisch bedingte Verschiebung von der Wärmeproduktionsanlage Hagenholz zurückzuführen. Dies erklärt wiederum die krasse Reduktion von 99,3 Prozent bei der ERZ-Anlage Hagenholz. Ähnlich begründet auch die Gemeinde Lausanne den starken Anstieg bei einzelnen ihrer EHS-Anlagen.

Stockende Reduktion bei Zementwerken

Bei einigen Produktionsanlagen ist in der vergangenen Handelsperiode bezüglich CO_2-Ausstoß mehr oder weniger nichts passiert, zum Beispiel beim Zementwerk in Untervaz des Baustoffriesen Holcim. Unseren Berechnungen zufolge ist das Zementwerk Untervaz mit 0,9 Prozent mehr Emissionen am Ende der vergangenen Handelsperiode im Vergleich zu 2013 die Anlage mit der kleinsten Veränderung. Auf Anfrage erklärte Holcim die Stagnation damit, dass 2020 in Untervaz mehr produziert worden sei als 2013. Die Emissionen pro produzierter Tonne Zement seien jedoch gesunken. So erklärt auch das Zementwerk Wildegg der Jura-Cement-Fabriken AG die ausstehende Reduktion.

Tatsächlich dürfte es aber noch einen anderen Grund geben, weshalb der CO_2-Ausstoß bei Beton und Zement stagniert. Während nämlich bei vielen EHS-Industriesektoren die Treibhausgase vorwiegend aus der Verbrennung von Erdgas und Öl stammen, werden hier auch sogenannte geogene Emissionen freigesetzt.

Neben den Emissionen durch den Verbrauch fossiler Brennstoffe entweicht bei der Herstellung von Zement CO_2, das vorher im Stein fest gebunden war. Obwohl dieses CO_2 nicht aus der Nutzung fossiler Brennstoffe stammt, wird es im EHS erfasst, und es müssen dafür Emissionsrechte abgegeben werden. Dieses geogene CO_2, das laut dem Branchenverband cemsuisse bei der Herstellung von Zement rund zwei Drittel der Emissionen verursacht,[18] macht die Dekarbonisierung der Zementproduktion besonders schwierig. Das scheint die Zementbranche jedoch nicht daran zu hindern, kräftig die grünen Marketingglocken zu läuten, wie wir in Kapitel 5 sehen werden.

Zu wenig Tempo beim Klimaschutz

Über alle EHS-Anlagen hinweg sanken die Treibhausgasemissionen von 2013 bis 2020 von 5 510 716 Tonnen (gut 5,5 Millionen), auf 4 874 278 Tonnen (knapp 4,9 Millionen). Das entspricht einer Verminderung von 636 438 Tonnen (rund 0,6 Millionen) oder etwa 11,5 Prozent. Diese Gesamtschau wird aber durch EHS-Austritte und Anlagenschließungen verfälscht. Wie bereits erwähnt, fielen 2016 allein mit der Stilllegung der Erdölraffinerie Tamoil verglichen mit 2014 rund 640 000 Tonnen Emissionen weg. Zwei weitere Anlagenbetreiberinnen gingen innerhalb der letzten Handelsperiode Konkurs, die Papierfabrik Utzenstorf[19] und die Ziegler Papier AG[20]. Die GZM Extraktionswerk AG und die Veolia Industry Building - Switzerland AG mit der Anlage am Standort St. Johann verließen das EHS noch vor dem Ende der Handelsperiode.

Betrachtet man nur die EHS-Konzerne, die während der gesamten letzten Handelsperiode im System waren, dann starteten diese mit einem Emissionstotal von 4 846 360 Tonnen (über 4,8 Millionen) im Jahr 2013 und beendeten die Handelsperiode

2020 mit einem CO_2-Ausstoß von insgesamt 4 873 541 Tonnen (ebenfalls knapp 4,9 Millionen). Emissionen, die wie bei der Papierfabrik Perlen lediglich in einen anderen Sektor verschwanden, oder Effekte, bei denen es anstatt zu einer Dekarbonisierung der industriellen Prozesse nur zu einem Verschwinden eben dieser Prozesse kam wie beim Klybeck-Areal oder bei F. Hoffmann-La Roche, sind hierbei noch gar nicht berücksichtigt.

Aber auch dieser vermeintliche Anstieg von 4,8 Millionen Tonnen 2013 auf 4,9 Millionen Tonnen CO_2 2020 muss kritisch betrachtet werden, und zwar wegen des Lachgaslecks von umgerechnet 600 000 Tonnen CO_2-Äquivalenten pro Jahr. Laut der Recherche »Die Klimaschande von Visp«, die 2020 im *Magazin* des *Tages-Anzeigers* zum Lonza-Leck veröffentlicht wurde, geht das BAFU davon aus, dass das Leck schon seit fast fünfzig Jahren existiert.[21] Die 600 000 Tonnen CO_2-Äquivalente aus diesem einen Leck entsprachen 2020 rund einem Prozent des jährlichen Treibhausgasausstoßes auf dem gesamten Schweizer Territorium.[22]

Nimmt man an, dass das Lachgas schon zu Beginn der Handelsperiode, also 2013, aus dem Leck ausströmte, verursachten die Firmen im ersten Jahr nicht einen Ausstoß von 4,8 Millionen Tonnen, sondern von 5 446 360 Tonnen (gut 5,4 Millionen). Somit wären bis 2020 über alle durchgehend im EHS registrierten Industrieanlagen und über die gesamte letzte Handelsperiode hinweg insgesamt 10,5 Prozent an Emissionen eingespart worden. Es ist also gar nicht so einfach festzustellen, wie stark die EHS-Emissionen in den letzten Jahren tatsächlich gesunken sind. Im besten Fall dürfen wir von einer Verminderung in der Größenordnung von rund 10 Prozent ausgehen.

10 Prozent innerhalb von acht Jahren sind immerhin 10 Prozent. Um aber in nützlicher Frist unsere Treibhausgasemissionen auf Null zu reduzieren, genügt dieses Tempo nicht. Das Netto-Null-Ziel 2050 gibt uns ein Zeitfenster von etwa 25 Jahren.

Das umfasst rund drei weitere achtjährige Handelsperioden. Bei einer Senkung von 10 Prozent pro acht Jahre bräuchte es aber deren neun, um auf Null zu kommen. Im Vergleich zur EHS-Schwerindustrie scheint zudem der Klimaschutz in anderen Bereichen besser voranzukommen. Dem offiziellen Treibhausgasinventar der Schweiz zufolge sind etwa bei den Privathaushalten die Emissionen im selben Zeitraum, also von 2013 bis 2020, um 31 Prozent von 10,4 Millionen Tonnen auf 7,1 Millionen Tonnen gesunken.[23]

Die Entwicklung der Emissionen ist nicht leicht zu bestimmen

Es ist gar nicht so einfach festzustellen, ob die Emissionstonnen im EHS von 2013 bis 2020 zurückgegangen sind oder nicht. Der Grund ist der: Die Anzahl Anlagen, die ihre Emissionen über das EHS abgerechnet haben, blieb über die vergangene Handelsperiode nicht konstant. Schaut man sich einfach die 2013 und 2020 im EHS registrierten Emissionen an, so zeigt sich eine Reduktion ❶. Diese ist aber offensichtlich auch auf Anlagenschließungen und EHS-Austritte zurückzuführen. Denn schaut man sich nur diejenigen Firmen an, die während der ganzen Handelsperiode im EHS waren, ergibt sich sogar eine leichte Erhöhung der Emissionen ❷. Geht man davon aus, dass die Emissionen des Lachgaslecks bei der Lonza AG bereits 2013 ausgestoßen, jedoch nicht registriert wurden, ergibt sich wieder eine Reduktion ❸.

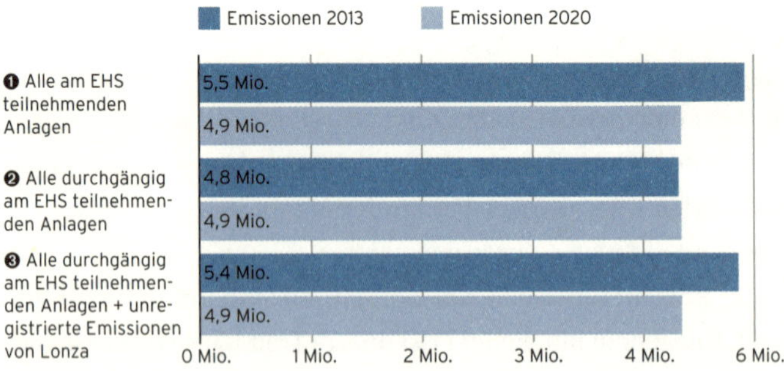

Eine Einheit entspricht jeweils einer Tonne CO_2-Äquivalente.
Datenquellen: Schweizer Emissionshandelsregister und Bundesamt für Umwelt BAFU

Ein Grund, weshalb in der vergangenen EHS-Handelsperiode bei vielen Schweizer Industriekonzernen die Reduktionen bescheiden ausgefallen sind, dürfte die großzügige Zuteilung von Gratisemissionsrechten durch den Bund sein. Was es damit auf sich hat, erläutern wir im nächsten Kapitel.

Kapitel 2

Selbstsabotage mit Gratisemissionsrechten

Damit Klimaverschmutzung für die Verursacher etwas kostet, führte man für die Sektoren Energie und Schwerindustrie den Handel mit Emissionsrechten ein. Um als Wirtschaftsstandort attraktiv zu bleiben und um zu verhindern, dass Konzerne, Produktionsstätten und Emissionen ins Ausland abwandern, wird ein Großteil der Emissionsrechte jedoch ohne Gegenleistung verschenkt. Und dies, obwohl in manchen Branchen unklar ist, ob es für die betroffenen Firmen überhaupt möglich wäre, ins Ausland abzuwandern. Diese Vorgehensweise sabotiert das eigentlich wirksame Instrument zur Reduktion des CO_2-Ausstoßes. Unsere Recherche zeigt auf, wer wie viele Gratisemissionsrechte erhalten hat.

Wenn Firmen ihre Klimakosten über das Emissionshandelssystem abrechnen, sind sie von der CO_2-Abgabe befreit. Dafür müssen sie für jede Tonne Treibhausgase, die sie verursachen, ein Emissionsrecht abgeben. Das Bundesamt für Umwelt ist dafür verantwortlich, diese Emissionsberechtigungen bei den EHS-Konzernen einzusammeln.

In der Einleitung haben wir bereits angetönt, wie die Firmen zu Emissionsrechten kommen. Einerseits können sie sie über die

Börsen oder an den vom BAFU organisierten Versteigerungen erwerben oder bilateral untereinander handeln. Andererseits erhalten die EHS-Firmen viele Emissionszertifikate geschenkt – absurderweise von derselben Institution, die sie dann auch wieder einzieht, dem BAFU. Dabei waren die Gratisemissionsrechte in der Vergangenheit eher die Norm als die Ausnahme. Über die letzte Handelsperiode, also von 2013 bis 2020, mussten alle EHS-Firmen zusammen insgesamt 39 Millionen Emissionsrechte abgeben. Das entspricht der im Schweizer Emissionshandelsregister aufgelisteten totalen Abgabepflicht und dementsprechend auch den Treibhausgasemissionen, die alle EHS-Firmen zusammen während der acht Jahre ausgestoßen haben.[1] Davon verteilte das BAFU mehr als 38 Millionen umsonst (vgl. folgende Grafik sowie Tabelle im Anhang ab S. 180).

Wie einleitend erläutert, verteilt das BAFU die Verschmutzungsrechte aber nicht gleichmäßig, sondern beurteilt bei der Zuteilung jede Firma einzeln anhand von Benchmarks und Carbon-Leakage-Status. Durch die individuelle Beurteilung gibt es Firmen, die sogar mehr Emissionsrechte gratis erhalten haben, als sie für die eigene Produktion brauchten. Die Schlussfolgerung, dass die Firmen bei einer totalen Abgabepflicht von 39 Millionen Zertifikaten gegenüber 38 Millionen gratis zugeteilten Rechten insgesamt nur 1 Million Emissionsrechte selbst kaufen mussten, stimmt aber nicht. Sie träfe nur dann zu, wenn kein EHS-Teilnehmer mehr Gratisrechte erhalten hätte, als er tatsächlich Emissionen verursachte. Gewisse Firmen mussten einen erheblichen Teil ihrer benötigten Emissionsrechte käuflich erwerben. Unsere Recherche zeigt, dass die Bilanz von Firma zu Firma unterschiedlich aussieht.

Von den 56 Industrieanlagen, die von 2013 bis 2020 im Emissionshandelssystem eingebunden waren, erhielten 23 Industrie-

Entwicklung der Gratiszuteilungen von 2013 bis 2020

Bei der Entwicklung der Emissionen in der letzten Handelsperiode sind zwei markante Sprünge zu beobachten. Die Reduktion im Jahr 2015 ist größtenteils auf die Schließung der Tamoil-Raffinerie zurückzuführen. 2020 stiegen die im EHS dokumentierten Treibhausgasemissionen aufgrund des bei der Lonza AG entdeckten Lachgaslecks. Aus demselben Grund erhöhte sich auch die Anzahl Gratiszertifikate 2020 wieder leicht. Das Verhältnis zwischen Gratiszertifikaten und tatsächlichen Emissionen variiert jedoch stark zwischen den verschiedenen EHS-Firmen.

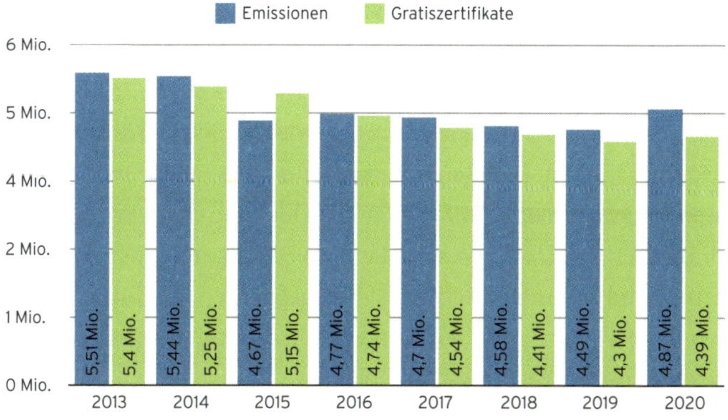

Eine Einheit entspricht jeweils einer Tonne CO_2-Äquivalente.
Datenquelle: Schweizer Emissionshandelsregister

anlagen mehr Emissionsrechte geschenkt, als sie für ihre Klimaverschmutzung abgeben mussten. Sie beendeten die vergangene Handelsperiode entsprechend mit einem Überschuss an Emissionsrechten. Um die Anzahl Gratisemissionsrechte zu berechnen, die den einzelnen Firmen über die ganze Handelsperiode hinweg gegebenenfalls überzählig zugeteilt wurden, addierten wir die jährlichen Überschüsse. Bei den Jahren, in denen nach der Gratiszuteilung noch Zertifikate fehlten, wurde die Differenz zwischen Abgabepflicht und Gratiszuteilungen negativ mit in die Rechnung einbezogen. Wir gingen also von der Annahme aus, dass die Firmen in den Jahren, in denen die zugeteilten Zertifikate nicht zur Deckung der Emissionen reichten, die noch fehlenden Emissionsrechte aus den in den Jahren zuvor überschüssig zugeteilten Emissionsberechtigungen bezogen. Es kann aber auch sein, dass die Firmen in diesen Jahren die noch fehlenden Emissionsrechte dazukauften. Dann wäre der Überschuss am Ende der letzten Handelsperiode noch höher als von uns berechnet.

Für dieses Kapitel haben wir zwölf Industrieanlagen ausgewählt und zeigen in den Diagrammen auf den folgenden Seiten ihre jeweiligen Emissionen und Gratiszuteilungen. Alle aufgeführten Beispiele mit Ausnahme der Dottikon Exclusive Synthesis AG haben in den meisten oder sogar in allen Jahren mehr Emissionsrechte erhalten, als sie für die Deckung ihrer Emissionen brauchten. Bei Dottikon sind die Entwicklungen aus einem anderen Grund spannend. Einige der ausgesuchten Konzerne haben wir angeschrieben und wollten wissen, was sie mit den überzähligen Emissionsrechten vorhaben.

Überzählige Gratiszertifikate: Wer hat wie viele? Wer will verkaufen?

Wie bereits erwähnt, können die Firmen Emissionsrechte, die sie für die eigene Produktion nicht benötigen, verkaufen. Am 25. Januar 2023, also an dem von uns verwendeten Stichtag, stand der Preis für ein EHS-Zertifikat bei rund 80 Franken. Auf großen Auskunftswillen stießen wir mit unserer Frage, ob überschüssige Emissionsrechte verkauft wurden, leider nicht. Vom Zementhersteller Holcim, der in der letzten Handelsperiode schätzungsweise rund 1,9 Millionen kostenlose Zertifikate mehr bekam, als für die Emissionen aus allen drei registrierten EHS-Anlagen nötig waren, erhielten wir keine Antwort. Dabei hat wohl kein anderer

Konzern so viele Gratiszertifikate beiseitelegen können wie Holcim. Relevante Mengen an zusätzlichen Emissionsrechten mussten in keinem Jahr gekauft werden. Im Zementwerk in Untervaz hatte man gar jedes Jahr große Mengen an gratis zugeteilten Zertifikaten übrig. Auch vom Aluminiumverarbeiter Constellium Valais, der für seine beiden Anlagen in jedem einzelnen Jahr höhere Zuteilungen als Emissionen hatte und über die acht Jahre hinweg über 51 000 Gratiszertifikate zu viel erhielt, kam trotz mehrfacher Nachfrage keine Rückmeldung.

Der Chemiekonzern Dottikon bekam zwar nicht in jedem Jahr mehr Gratiszertifikate als benötigt, über die gesamte letzte Handelsperiode hinweg summierten sich aber laut unseren Berechnungen die überzählig zugeteilten Emissionszertifikate auf über 4200. 2021 verursachte Dottikon laut dem Schweizer Emissionshandelsregister etwa 2300 Tonnen Treibhausgase, im Jahr darauf 2400 Tonnen. Mit den angesparten Zertifikaten hätte Dottikon also die ersten zwei Jahre der neuen Handelsperiode beinahe vollständig abdecken können, ohne auf neue Gratiszuteilungen zurückgreifen zu müssen.

Ob dies so geschehen ist oder ob die überschüssigen Emissionsrechte verkauft wurden, teilte uns das Unternehmen nicht mit: »Vielen Dank für Ihre Anfrage. Sämtliche bereits publizierten Informationen finden Sie in unseren Geschäftsberichten, darüber hinaus können wir Ihnen leider keine weitere Auskunft geben.« Nachdem wir die genannten Geschäftsberichte[2] durchsucht und nichts gefunden hatten, was unsere Fragen hätte beantworten können, wandten wir uns erneut an den Chemiekonzern. Daraufhin erhielten wir folgende Zeilen: »Die Dottikon Exclusive Synthesis AG hat zu diesem Thema keine weiterführenden Informationen publiziert.« Transparenz geht anders. Zudem hätten wir uns das Durchkämmen der Geschäftsberichte offensichtlich sparen können.

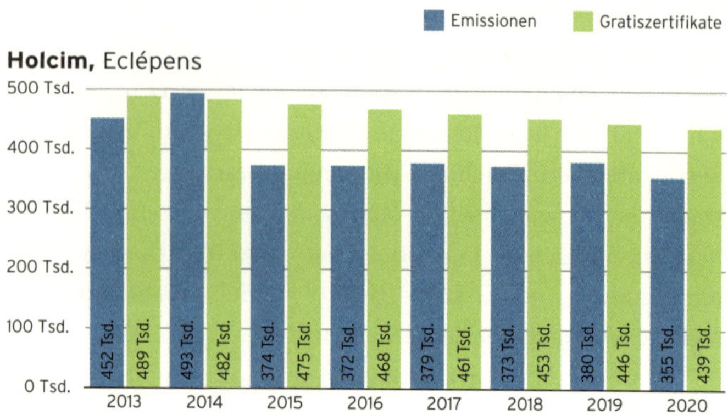

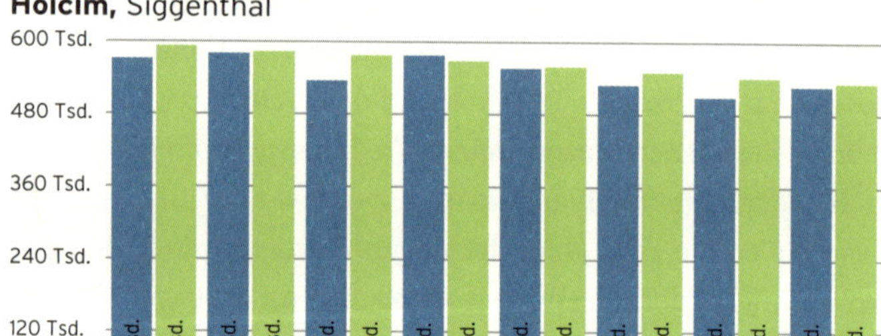

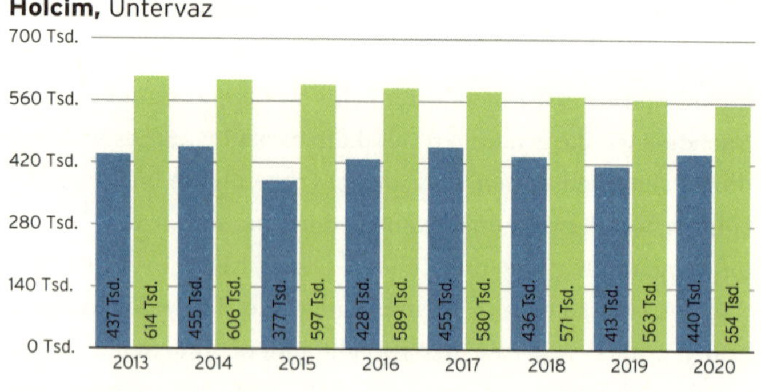

Eine Einheit entspricht jeweils einer Tonne CO_2-Äquivalente.

Datenquelle: Schweizer Emissionshandelsregister

Emissionen Gratiszertifikate

Constellium Valais, Sierre-Chippis

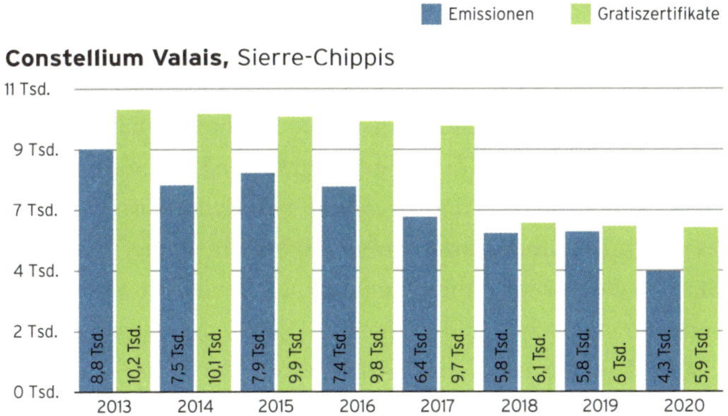

Constellium Valais, Steg

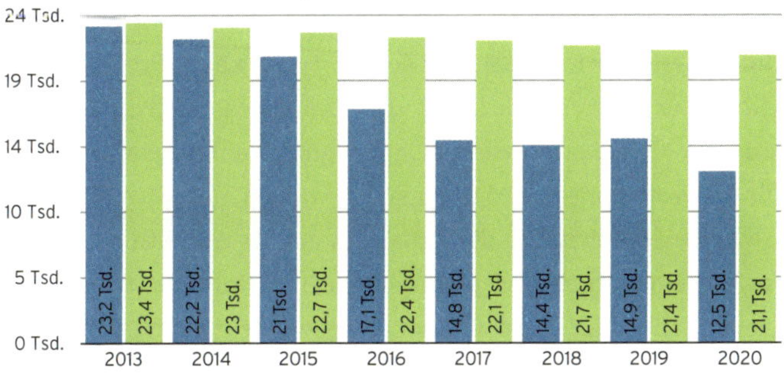

Dottikon Exclusive Synthesis, Dottikon

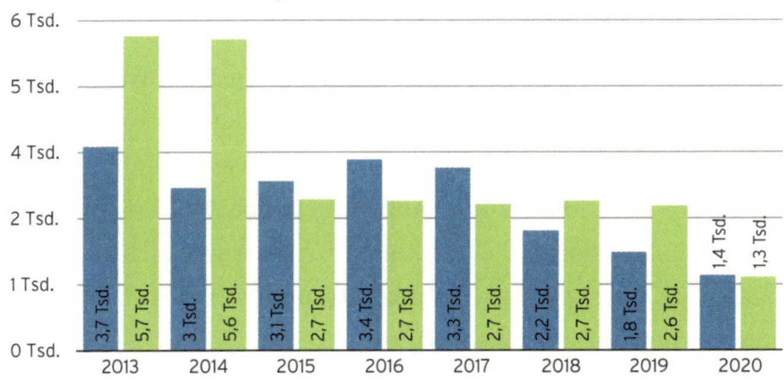

Eine Einheit entspricht jeweils einer Tonne CO_2-Äquivalente.
Datenquelle: Schweizer Emissionshandelsregister

Was sowohl bei Dottikon als auch beim Standort Sierre-Chippis des Aluminiumverarbeiters Constellium Valais auffällt, ist ein sprunghafter Rückgang der gratis zugeteilten Emissionsrechte – bei Dottikon von 2014 auf 2015, bei Constellium Valais von 2017 auf 2018. Laut dem BAFU ist der Grund für die Kürzung in beiden Fällen eine Reduktion der sogenannten Aktivitätsrate. Diese Aktivitätsrate ist im Normalfall eine Produktionsmenge, also zum Beispiel die Anzahl Tonnen Zement oder Papier, die eine Fabrik verlassen. Je nachdem, was eine EHS-Firma produziert und welche Größen mit einem vernünftigen Aufwand messbar sind, kann sich die Aktivitätsrate aber auch auf die eingesetzte Wärme- oder Energiemenge beziehungsweise die Menge an Treibhausgasemissionen beziehen.[3] Da aufgrund der sehr heterogenen Produktpalette für Chemiegüter gemäß BAFU keine Produktebenchmark existiert, wurde bei der Dottikon Exclusive Synthesis AG statt der Menge produzierter Chemiegüter der Energieverbrauch für die Festlegung der Aktivitätsrate erhoben.

Verändert sich nun die Aktivitätsrate im Verhältnis zu einer im Vorfeld festgelegten historischen Aktivitätsrate, so hat das einen Einfluss auf die Menge der gratis zugeteilten Emissionsrechte. Wer weniger produziert, soll weniger Gratisemissionsrechte erhalten. Das ist einleuchtend und, solange die Aktivitätsrate eine Produktemenge ist, auch unproblematisch und nachvollziehbar. Werden als Aktivitätsrate jedoch Energie, Wärme oder Emissionen verwendet, gibt es ein Problem. Denn es kann durchaus auch sein, dass die Aktivitätsrate in diesen Fällen deshalb sinkt, weil ein Unternehmen in Energieeffizienzmaßnahmen investiert hat, dass also die benötigte Energiemenge nicht deshalb zurückgeht, weil weniger produziert, sondern weil pro Produkt weniger Energie verbraucht wurde.

Dottikon weist auf Anfrage darauf hin, dass die Abnahme ihrer Aktivitätsrate nicht nur auf ein »verändertes Produktportfolio«, sondern auch auf die Umsetzung von »Energieeffizienzprojekten« zurückzuführen sei. Der Anteil gekürzter Gratisemissionsrechte aufgrund reiner Energiesparmaßnahmen hätte laut CO_2-Verordnung zwar zurückgefordert werden können.[4] Dies sei damals jedoch nicht gemacht worden, bestätigte der Chemiekonzern.

Der rapide Rückgang der Gratiszuteilungen hat aber noch einen anderen Grund. Und der liegt tief verborgen in den Detailregeln des EHS.[5] Die Menge zugeteilter Gratisemissionsrechte passte sich sprunghaft an die sinkende Aktivitätsrate an, nicht kontinuierlich. Erst, als die Aktivitätsrate auf unter 50 Prozent der historischen Aktivitätsrate gefallen war, kam es tatsächlich zu einer Anpassung der zugeteilten Gratisemissionsrechte. Konkret galten in der vergangenen Handelsperiode diesbezüglich folgende, nicht zu unterschätzende Regeln: Bei einer Verringerung der Aktivitätsrate von 50 bis 75 Prozent – immer im Vergleich zur historischen Aktivitätsrate – wurden die gratis zugeteilten Emissionsrechte halbiert. Nahm die Aktivitätsrate um 75 bis 90 Prozent ab, führte dies zu einer Streichung von 75 Prozent der ursprünglichen Zuteilung. Reduzierte sich die Aktivitätsrate um mehr als 90 Prozent, wurden die Gratiszuteilungen ganz gestrichen.

Bei Dottikon betrug der Rückgang der Aktivitätsrate 2013 offenbar noch weniger als 50 Prozent, weshalb die Menge an Gratiszertifikaten 2014 noch nicht angepasst wurde. Erst als die Aktivitätsrate des Chemiekonzerns 2014 um mehr als 50 Prozent der historischen Aktivitätsrate gefallen war, führte dies zur Halbierung der zugeteilten Emissionsrechte im Folgejahr, also 2015. Wie hoch die Aktivitätsraten der Dottikon Exclusive Synthesis AG in den Jahren 2013 und 2014 genau waren, kann uns das BAFU mit Verweis auf das Geschäftsgeheimnis nicht sagen, weil damit »auf relevante Unternehmensdaten geschlossen werden« könne. In der aktuell laufenden Handelsperiode werden die zugeteilten

Gratisemissionsrechte bereits angepasst, wenn die Aktivitätsrate bloß 15 Prozent unter die historische Aktivitätsrate sinkt.[6]

Unsere Frage zur Handhabung überschüssiger Emissionsrechte stellten wir auch F. Hoffmann-La Roche. Das Pharmaunternehmen schrieb darauf lediglich: »Das Ziel von Roche ist, die Umweltbelastung durch Massnahmen effektiv zu reduzieren und den Energiebedarf drastisch zu senken.« Die gesetzlichen Vorgaben seien sogar übertroffen worden, weshalb weniger Emissionsrechte als zugeteilt entwertet werden mussten. Allerdings gibt es im EHS keine gesetzlich festgeschriebenen Reduktionsvorgaben. Es ist sogar gerade Sinn und Zweck eines »cap and trade«-Systems, dass es sie nicht gibt. Worauf sich das Unternehmen hier bezieht, bleibt unklar. In der letzten Handelsperiode wurden F. Hoffmann-La Roche über 52 000 Gratisrechte mehr zugeteilt, als zur Deckung der Emissionen gebraucht wurden. 2021 verursachte Roche am Standort Basel rund 23 000 Tonnen Treibhausgase. Auch hier dürfte der Zertifikatssegen der Vergangenheit die ersten Jahre der neuen Handelsperiode vollends abdecken.

Rückmeldungen anderer EHS-Firmen fielen dagegen deutlicher aus. Die Schlachtabfallverwerterin GZM Extraktionswerk AG, die Ende 2019 aus dem EHS ausstieg, reagierte auf unsere Presseanfrage zu den überschüssigen Gratisemissionsrechten und was man damit gemacht habe anfänglich zwar etwas irritiert: »Ihre Fragen [...] suggerieren einen tendenziösen Ton – bitte umformulieren.« Schließlich erhielten wir aber folgende Auskunft: »Im Zeitraum, wo wir im EHS waren, haben wir unsere zugeteilten Zertifikate nicht vollends ausgeschöpft und ja, es ist korrekt, dass wir aus dieser Zeit noch überschüssige Zertifikate vorliegen haben. Die ungenutzten Zertifikate wurden nicht verkauft.«

Obwohl das Unternehmen in seiner EHS-Zeit die Treibhausgasemissionen nicht gesenkt hat, bekam es gesamthaft mehr Zertifikate umsonst zugeteilt, als es abgeben musste. Beim Austritt konnte die GZM aus wirtschaftlicher Sicht also eine durchaus profitable Bilanz ziehen. Das Unternehmen musste nichts für seine Emissionen bezahlen und hatte am Schluss über 12 000 Gratisemissionszertifikate übrig. Auch wenn die GZM selbst nicht mehr im EHS abrechnet, kann sie diese Zertifikate verkaufen. Sie kann sie aber auch noch länger zur Seite legen und warten, bis der Preis pro Emissionsrecht weiter ansteigt. Dies wird ziemlich sicher passieren. Denn die Verknappung der Emissionsrechte ist staatlich geplant, und je knapper ein Gut ist, desto teurer wird es auf dem Markt.

Zudem kann die GZM Wärme, Tiermehl und Tierfett, die bei der Verarbeitung der Schlachtabfälle anfallen, als CO_2-neutral verkaufen. Das ist möglich, obwohl der Dampfkessel, in welchem die Tierreste erhitzt werden, laut dem hauseigenen »Umweltbericht 2020« zu 100 Prozent mit Erdgas betrieben wird.[7] Die dabei anfallenden CO_2-Emissionen werden nämlich vollständig der Vernichtung der Schlachtabfälle und nicht der Herstellung von Wärme, Tiermehl oder Tierfett angerechnet.

Das BAFU erklärt dies in einem Artikel, der Mitte 2023 beim Onlinemagazin *das Lamm* erschienen ist, so: »Wird Biomasse ausschliesslich für die Herstellung eines Energieträgers hergestellt, müssen sämtliche Emissionen aus der Herstellung auch dem Energieträger zugeordnet werden. Wird der Energieträger dagegen aus Abfällen hergestellt, müssen die Emissionen aus der Herstellung möglicherweise nicht dem Energieträger selbst angerechnet werden.«[8] Bei der anfallenden Wärme ist das vor allem aus marketingtechnischen Gründen vorteilhaft für die GZM. Beim Verkauf von Tierfett und Tiermehl hat es weitere handfeste Vorteile. Denn auf Brennstoffe mit dem Label CO_2-neutral muss keine CO_2-Abgabe bezahlt werden. Wenn man bedenkt, dass die Produktion von tierischen Nahrungsmitteln sowie der Betrieb des Dampfkessels mit Erdgas sehr wohl Treibhausgasemissionen verursachen, entbehrt das jeglicher Logik.

Auch die Zementbranche setzt auf solche sogenannte alternative Brennstoffe wie Tierfett, Tiermehl, Klärschlamm und Altholz und rühmt sich, »damit wichtige Entsorgungsleistungen« zu erbringen.[9] Für diese biogenen Alternativbrennstoffe müssen keine EHS-Zertifikate abgegeben werden. Daneben verbrennen die Zementwerke aber auch Lösungsmittel, Altreifen und Gummiabfälle. Diese Brennstoffe bestehen zumindest teilweise aus fossilen Bestandteilen. Proportional zu diesem fossilen Anteil müssen die Zementwerke im EHS für die daraus resultierenden Emissionen Zertifikate abgeben. Laut dem Umweltbericht des Dachverbands der Zementindustrie cemsuisse machten Tierfett und Tiermehl in den letzten Jahren zwischen 5 und 8 Prozent der in den Zementwerken eingesetzten Brennstofftonnen aus.[10] Auch dieses Beispiel zeigt, dass viele Konzerne ganz genau wissen, wie sie gesetzliche Detailregelungen zu ihren Gunsten ausnutzen können – innerhalb und außerhalb des EHS.

Andererseits sind wir bei unserer Recherche auch immer wieder auf Situationen gestoßen, in denen uns klar wurde, wie wenig einige EHS-Firmen eigentlich über das System wissen, in dem sie ihre CO_2-Kosten begleichen. Wieder ist die GZM Extraktionswerk AG ein anschauliches Beispiel. Anfänglich erreichte uns auf die Frage nach den über 12 000 überschüssigen Emissionsrechten vom GZM-Hauptsitz im bernischen Lyss nämlich zuerst eine Gegenfrage. »Über welche Quelle haben Sie Ihre Informationen?«, wollte der Kommunikationsverantwortliche von uns wissen. Diese Reaktion erstaunt, denn um die Emissionen und Gratiszuteilungen der EHS-Firmen herauszufinden, braucht es weder exklusive Quellen noch großes Investigativtalent. Die Zuteilungen und Abgabepflichten sind alle über das öffentlich zugängliche Emissionshandelsregister des Bundes einsehbar.

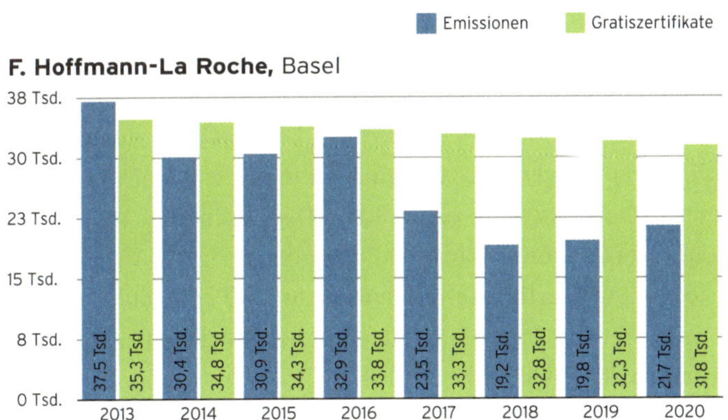

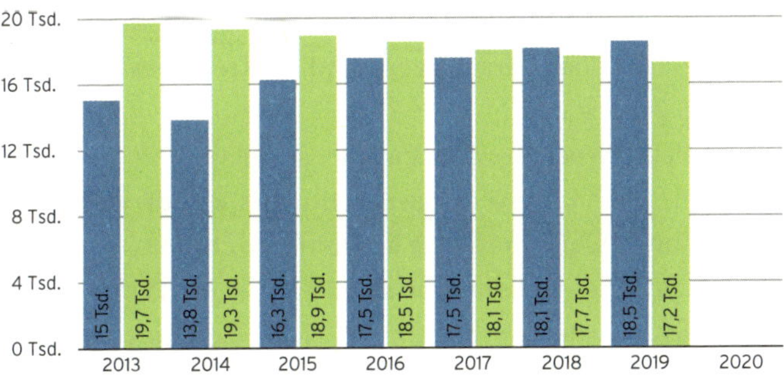

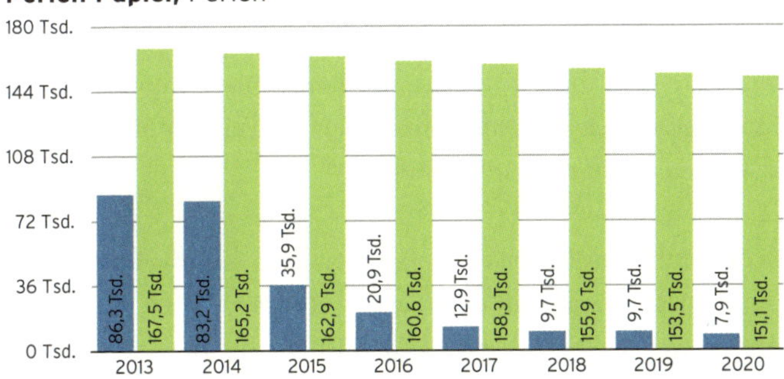

Eine Einheit entspricht jeweils einer Tonne CO_2-Äquivalente.

Datenquelle: Schweizer Emissionshandelsregister

Dass sie überschüssige Zertifikate verkauft hat, teilte uns nur eine Firma mit, die Papierfabrik Perlen. »Da Perlen Papier aufgrund von gezielten Nachhaltigkeitsmassnahmen rund 75 Prozent weniger CO_2 ausstösst als der Durchschnitt der europäischen Papierindustrie, verfügten wir in der Vergangenheit über einen Überschuss von zugeteilten CO_2-Zertifikaten, welche verkauft werden können. Insgesamt wurden im Geschäftsjahr 2021 330 000 CO_2-Zertifikate verkauft«, schreibt Perlen auf Anfrage.[11] Das brachte der Papierfabrik laut eigenen Angaben 18,1 Millionen Franken ein. Anzumerken ist hier, dass die großzügige Zuteilung von Gratisemissionsrechten bei Perlen nicht nur auf das gute Abschneiden im europaweiten Ranking zurückzuführen ist, sondern auch darauf, dass die Papierfabrik den sogenannten Carbon-Leakage-Status hat. Darauf kommen wir später in diesem Kapitel im Detail zurück.

Hinsichtlich der massiven Emissionsreduktion, die die Papierfabrik im EHS in der vergangenen Handelsperiode verbuchen konnte, muss man zwei Dinge im Hinterkopf behalten. Erstens: Ein beachtlicher Teil der Emissionen dürfte bei Perlen Papier nicht effektiv reduziert, sondern einfach in einen anderen Sektor verschoben worden sein (vgl. Kapitel 1 S. 44 f.). Zweitens: Könnte Perlen Papier die Klimakosten nicht über das EHS abrechnen und müsste stattdessen die übliche CO_2-Lenkungsabgabe bezahlen, hätte die Fabrik trotz massiver Emissionsverminderung die Klimarechnung statt mit einem Plus mit einem Minus abgeschlossen (mehr dazu in Kapitel 4).

In der Einleitung haben wir bereits erwähnt, dass die Firmen, die ihre Emissionen anstatt über die CO_2-Abgabe im EHS abrechnen dürfen, viel besser fahren als die Firmen, die der CO_2-Abgabe unterliegen. Die CO_2-Lenkungsabgabe ist in der Schweiz nämlich vergleichsweise hoch, während die EHS-Emissionszertifikate bedeutend weniger kosten und wegen der Gratiszuteilungen nicht für jede Emissionstonne gekauft werden müssen. Dass EHS-Firmen darüber hinaus noch von weiteren Vorteilen profitieren oder zumindest in der Vergangenheit profitiert haben, thematisieren wir in den Kapiteln 3 und 4. Sieht man von der grundsätzlichen Ungleichbehandlung einmal ab, mag es noch einer gewissen Logik folgen, wenn Firmen wie Perlen Papier, welche die direkt bei ihnen anfallenden Emissionen stark reduziert haben, vom EHS begünstigt werden. Aber bei Firmen, die ihre Emissionen eigentlich nicht gesenkt haben, ist eine solche Bevorteilung irritierend.

Ein Beispiel soll dies verdeutlichen: Die Kalkfabrik Netstal reduzierte ihre Emissionen in der vergangenen Handelsperiode lediglich um 6 Prozent von fast 65 000 auf etwas unter 61 000 Tonnen. Trotzdem hat die Kalkfabrik über die ganze Handelsperiode hinweg über 124 000 Emissionsrechte mehr gratis zugeteilt bekommen, als sie für ihre Produktion brauchte. Würde die Kalkfabrik diese nicht benötigten Zertifikate zum Marktpreis am von uns verwendeten Stichtag (25. Januar 2023) verkaufen, könnte sie damit mehrere Millionen Franken Gewinn machen (vgl. dazu Kapitel 4). Die Kalkfabrik gibt jedoch an, man habe die überschüssigen Emissionsrechte nicht verkauft. Sie seien zurückgelegt worden für den Fall, dass die Fabrik irgendwann mehr produzieren würde als aktuell vorgesehen.

Auch die Verpackungsherstellerin Model AG will ihre überschüssigen Zertifikate aus der vergangenen Handelsperiode mehrheitlich in der laufenden Handelsperiode einsetzen. Laut unseren Berechnungen bekam die Model AG am Standort Niedergösgen etwa 39 000 Gratisrechte mehr zugeteilt, als für die Deckung aller Emissionen im Zeitraum von 2013 bis 2020 nötig gewesen wären. Am Standort Weinfelden waren es mehr als 36 000 überzählige Gratisemissionsrechte. In Niedergösgen konnten die

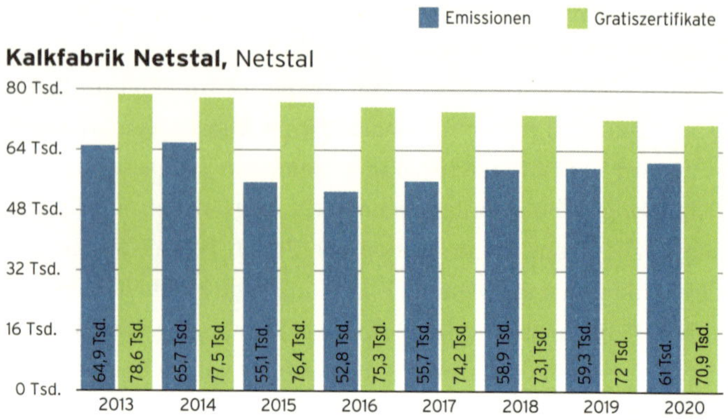

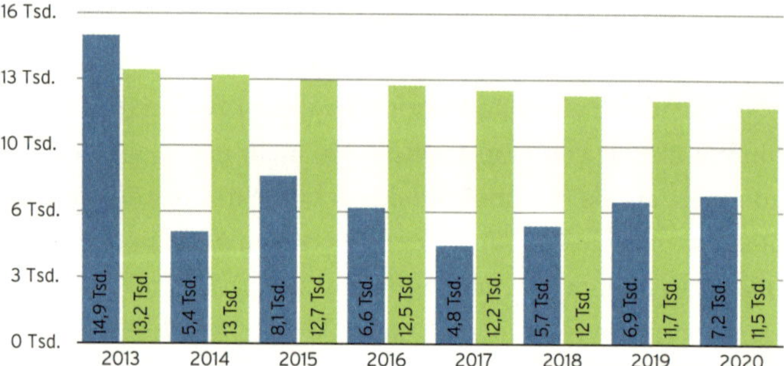

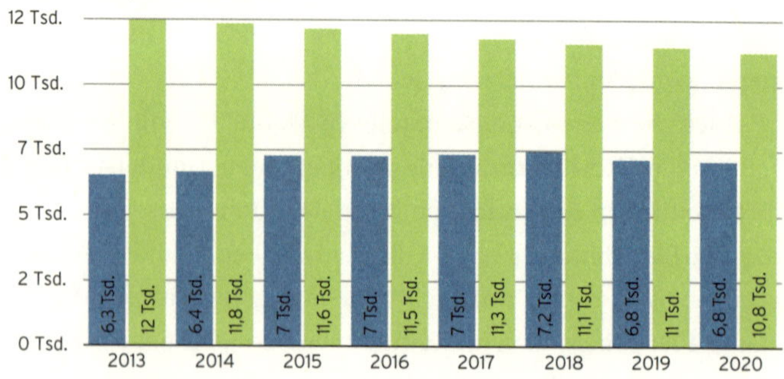

Eine Einheit entspricht jeweils einer Tonne CO_2-Äquivalente.

Datenquelle: Schweizer Emissionshandelsregister

Emissionen immerhin mehr als halbiert werden, während sie in Weinfelden um 8,4 Prozent stiegen.

Die hier besprochenen Industrieanlagen sind nicht die einzigen, die in der letzten Handelsperiode Gratiszertifikate im Überschuss erhalten haben. Die Zahlen für alle EHS-Anlagen haben wir in der Tabelle im Anhang ab S. 180 aufbereitet. Zusammenfassend lässt sich zu den Zertifikatszuteilungen sagen, dass sehr viel verschenkt wurde. Dieser Meinung ist auch die Eidgenössische Finanzkontrolle (EFK). Sie ist das oberste Finanzaufsichtsorgan der Schweiz und in ihrer Prüfungstätigkeit unabhängig und allein Verfassung und Gesetz verpflichtet. 2017 untersuchte sie die Lenkungswirkung des EHS und kam in ihrem Abschlussbericht zu folgendem Schluss: »Selbst wenn ab 2017 keine zusätzlichen Emissionsrechte mehr versteigert würden, reicht die bereits verteilte Menge aus, um den Bedarf [...] bis 2020 zu decken.«[12]

Wieso verschenkt der Staat die Emissionsrechte?

Der Elefant im Raum wurde noch nicht adressiert: Wieso wurden und werden die EHS-Firmen so reich mit Emissionszertifikaten beschenkt? Die kurze Antwort lautet, dass damit die inländische Schwerindustrie geschützt werden soll. Mit den Gratisemissionsrechten will der Bund verhindern, dass sich die für die Treibhausgasemissionen verantwortliche Produktion aufgrund hoher CO_2-Kosten in ein anderes Land verlagert.

Es gibt mehrere Wege, wie das passieren könnte. So kann sich ein Konzern dazu entscheiden, seine Produktion in ein Land zu verschieben, in dem er nichts für seine Emissionen zu bezahlen hat. Es muss sich aber nicht immer gleich eine ganze Fabrik bewegen. Eine Abwanderung der CO_2-intensiven Produktion entsteht auch dann, wenn sich nur die Nachfrage verschiebt. Wenn ein in der Schweiz hergestelltes Produkt aufgrund hoher CO_2-Kosten teurer wird, erhalten Firmen in Ländern, wo das Produkt ohne oder zu einem tieferen CO_2-Preis hergestellt werden kann, einen Wettbewerbsvorteil, weil sie das Produkt billiger anbieten können. Finden die Schweizer Hersteller aufgrund der im Vergleich höheren Preise nicht mehr genug Abnehmer:innen, könnte das dazu führen, dass die Schweizer Produzenten irgendwann sogar eingehen.

Das erinnert an das Schicksal der zwei Papierfabriken Utzenstorf Papier und Ziegler Papier, die während der letzten Handelsperiode Konkurs angemeldet haben. Da jedoch beide Papierfabriken in ihren EHS-Jahren mehr Gratisemissionsrechte erhielten, als sie Treibhausgastonnen emittiert hatten, war die Teilnahme am EHS kaum der Grund, weshalb die Produktion eingestellt werden musste. Ob sich aufgrund der CO_2-Kosten nun lediglich die Nachfrage verschiebt oder gleich die ganze Fabrik – in beiden Fällen würden nicht nur die Treibhausgasemissionen ins Ausland abwandern, sondern auch Steuereinnahmen und Arbeitsplätze. Diesen Abwanderungseffekt bezeichnet man als Carbon Leakage.

Um Carbon Leakage zu verhindern, erhalten besonders emissionsintensive Firmen, die gleichzeitig auch im internationalen Wettbewerb stehen, einen noch vorteilhafteren Deal, als sie mit der Teilnahme am EHS ohnehin schon haben. Die Firmen, die Carbon-Leakage-gefährdet sind, bekommen gegenüber solchen ohne Gefährdungsstatus ein Vielfaches an Gratiszertifikaten zugeteilt, weil sie dank dem Anpassungsfaktor 1 Anrecht auf die volle Anzahl Zertifikate gemäß Benchmarking haben (vgl. Einleitung S. 27). Welche Branchen genau in die Kategorie »emissionsintensiv und dem internationalen Wettbewerb ausgesetzt« gehören, hält der EU-Beschluss 2019/708/EU fest.[13] Einerseits will man mit dieser Sonderregelung den Abzug von Arbeitgeber:innen und Steuerzahler:innen verhindern. Andererseits soll damit sichergestellt werden, dass sich die Treibhausgasemissionen nicht in Länder verschieben, in denen eventuell noch laschere Klimaschutzregeln gelten. Denn in vielen Ländern außerhalb der EU gibt es bis jetzt gar keine CO_2-Bepreisung. Die Prävention von Carbon Leakage mithilfe von Gratisemissionsrechten ist also ein Mix zwischen Klimaschutz und Schutz der einheimischen Industrie.

In der Konsequenz schmälert der großzügige Umgang mit den Gratiszertifikaten jedoch die Wirksamkeit des EHS erheblich. 2013 hatten von den 56 EHS-Anlagen nur 12 gar keinen Carbon-Leakage-Status. Bis 2020 stiegen 5 Anlagen aus dem EHS aus oder stellten den Betrieb ein. Sie alle hatten zumindest teilweise den Carbon-Leakage-Status. Von den 51 Anlagen, die 2020 noch im Schweizer EHS registriert waren, profitierten 39 Anlagen von einem ganzen oder teilweisen Carbon-Leakage-Status, also 76 Prozent. Das bestätigte das BAFU im Rahmen einer auf das Öffentlichkeitsgesetz gestützten Anfrage des Onlinemagazins *das Lamm*.

Firmen mit und ohne Carbon-Leakage-Status von 2013 bis 2020

Von den 56 Anlagen, die während der Handelsperiode 2013 bis 2020 am Schweizer EHS teilnahmen, hatten 44 Anlagen ganz oder teilweise den sogenannten Carbon-Leakage-Status und erhielten dadurch extra viele Gratiszertifikate. Welche Firmen genau von den zusätzlichen Emissionsrechten zum Nulltarif profitierten, wollte das zuständige Bundesamt für Umwelt zunächst nicht veröffentlichen. Erst mit einer Anfrage über das Öffentlichkeitsgesetz konnte *das Lamm* die Zuteilung einsehen.

Carbon-Leakage-gefährdet

BASF, Kaisten
Ciments Vigier, Péry
CIMO, Monthey
Constellium Valais, Sierre-Chippis
Constellium Valais, Steg
Dottikon Exclusive Synthesis, Dottikon
DSM Nutritional Products, Sisseln
F. Hoffmann-La Roche, Basel
GETEC PARK, Schweizerhalle
Holcim, Untervaz

Jura-Cement-Fabriken, Cornaux
Kalkfabrik Netstal, Netstal
Lonza, Visp
Model AG, Weinfelden
Novelis Fonderie, Sierre
Novelis Laminoirs, Sierre
Perlen Papier, Perlen
Schweizer Zucker AG, Aarberg
Schweizer Zucker AG, Frauenfeld
SI Group, Pratteln
Siegfried Evionnaz SA, Evionnaz
Tamoil, Raffinerie Collombey
Utzenstorf Papier, Utzenstorf
Valorec, RSMVA
Valorec, St. Johann
Vetropack, St-Prex
Weidmann Electrical Technology, Rapperswil
Ziegler Papier, Grellingen
ZZ Wancor, Bürglen

nicht Carbon-Leakage-gefährdet

Gemeinde Lausanne, Heizwerk Pierre-de-Plan
Gemeinde Lausanne, Heizwerk Bossons
Gemeinde Lausanne, Heizwerk Malley
Gemeinde Lausanne, STEP
ERZ Aubrugg, Herzogenmühle
ERZ, Hagenholzstrasse
ERZ, Regina-Kägi-Hof
ERZ, Josefstrasse
ewb Energiezentrale Forsthaus, Murtenstrasse
IWB Heizwerk Bahnhof, Solothurnerstrasse
SIG Wärmekraftwerk, Lignon
Transitgas, Station Ruswil

gemischt

Flughafen Zürich, Flughafen Kloten
Flumroc, Flums
GZM Extraktionswerk, Lyss
Holcim, Eclépens
Holcim, Siggenthal
IWB Fernheizkraftwerk Volta, Voltastrasse
IWB fossile Heizkessel, Hagenaustrasse
IWB Heizwerk Rosenthal, Maulbeerstrasse
Jura-Cement-Fabriken, Wildegg
Kimberly-Clark, Niederbipp
Model AG, Niedergösgen
Stahl Gerlafingen AG, Gerlafingen
Steeltec AG, Emmenbrücke
Valorec, Kesselhaus Klybeck
VARO Refining, Cressier

Quelle: Anfragen via Öffentlichkeitsgesetz beim Bundesamt für Umwelt BAFU

Auch im europäischen Emissionshandelssystem erhalten die EHS-Firmen Gratisemissionsrechte. Und grundsätzlich werden die Berechtigungen in der EU und in der Schweiz nach denselben Regeln verteilt. Der Anteil der Firmen, die vom Carbon-Leakage-Status profitieren, ist aber nicht in allen Ländern so hoch wie in der Schweiz. Auf Anfrage teilte uns das deutsche Umweltbundesamt mit, dass bei ihnen 2021 lediglich 57 Prozent der EHS-Firmen aufgrund von Carbon Leakage zusätzliche kostenlose Zuteilungen erhalten haben. In Deutschland fallen also prozentual deutlich weniger Firmen in die Kategorie »Carbon-Leakage-gefährdet« als in der Schweiz.

Das hat unter anderem damit zu tun, dass dort nach wie vor viel Strom aus fossilen Brennstoffen gewonnen wird.[14] Im Unterschied dazu hat die Schweiz abgesehen von den neuen Reservekraftwerken in Birr, Cornaux und Monthey keine fossile Stromproduktion mehr.[15] Das liegt einerseits daran, dass wir viele Berge und deshalb viel Wasserkraft in unserem Strommix haben. Andererseits bezieht die Schweiz viel Atomstrom aus Frankreich.[16]

Die Verstromung fossiler Brennstoffe ist enorm klimaschädlich. Ironischerweise fällt die Bilanz der deutschen EHS-Firmen in Bezug auf die erreichten Treibhausgasreduktionen aber gerade wegen dieser Kohleverstromung erfolgreicher aus als in der Schweiz. In Deutschland sanken die im EHS gelisteten Emissionen nämlich von 480 Millionen Tonnen im Jahr 2013 auf 320 Millionen Tonnen im Jahr 2020.[17] Das entspricht einem Rückgang um 33 Prozent – zur Erinnerung: In der Schweiz waren es rund 10 Prozent.

Der Hauptgrund für diesen im Vergleich größeren Rückgang liegt darin, dass die Verstromung von fossilen Energieträgern nicht als Carbon-Leakage-gefährdet gilt. Wieso nicht? Strom kann im Gegensatz zu anderen Gütern nur bedingt über lange Strecken transportiert werden. Die in Deutschland abgebaute Kohle beispielsweise in die Türkei zu transportieren, wo sie ohne CO_2-Preis verstromt werden könnte, und diesen Strom dann wieder nach Deutschland zurückzuleiten, wäre ganz einfach wirtschaftlich unrentabel. Die Produktion von Kohlestrom kann also gar nicht abwandern. Auch wenn sich die Kraftwerkbetreiber vielleicht gern vor der CO_2-Bepreisung drücken würden, haben sie keine andere Wahl, als in Deutschland zu produzieren. Genauso haben auch die Kund:innen keine andere Wahl, als den in

Deutschland produzierten Strom zu kaufen. Die Emissionen können also weder direkt noch indirekt über eine Verschiebung der Nachfrage in andere Länder abwandern.

Ohne Abwanderungsgefährdung gibt es für die fossile Stromproduktion somit auch keine zusätzlichen Gratisemissionsrechte. Das führt dazu, dass die dabei entstehenden Emissionen tatsächlich etwas kosten. Das wiederum bewirkt, dass sich Reduktionsbemühungen zu lohnen beginnen und Wind- und Solarstrom konkurrenzfähiger werden. Das Emissionshandelssystem ist für fossil betriebene Kraftwerke also um einiges strenger und teurer als beispielsweise für ein Zementwerk oder für eine Papierfabrik. Der Blick nach Deutschland zeigt, dass das EHS ohne die ganzen Gratiszertifikate tatsächlich etwas bewirken könnte.

Bei den Schweizer EHS-Anlagen, die nicht als Carbon-Leakage-gefährdet eingestuft werden, handelt es sich mehrheitlich um Industrieanlagen, die der öffentlichen Hand gehören. So haben mehrere Städte fossil betriebene Wärmeanlagen, die bei sehr tiefen Temperaturen punktuell eingesetzt werden, um das städtische Wärmenetz zu unterstützen. Genau wie die fossil betriebenen Energieanlagen in Deutschland haben auch diese fossil betriebenen Wärmeanlagen in der Schweiz keinen Carbon-Leakage-Status. Die meisten privatwirtschaftlichen Industrieanlagen im Schweizer EHS erhalten hingegen aufgrund der ihnen zugeschriebenen Abwanderungsgefährdung extra großzügige Zertifikatszuteilungen.

Würden die Konzerne tatsächlich abwandern?

Einige dieser Unternehmen haben wir auf ihren Carbon-Leakage-Status angesprochen. Wir wollten wissen, ob sie ihre Produktion tatsächlich ins Ausland verschöben, falls sie in der Schweiz für ihre CO_2-Emissionen bezahlen müssten.

Der Pharmakonzern Roche lässt uns wissen, dass er bestrebt ist, in »Ländern mit hohen Standards zu produzieren«. Die Papierfabrik Perlen schreibt, dass sie seit 1873 an diesem Standort, also in Perlen, produziert und die Zuteilung von CO_2-Zertifikaten keinen Einfluss auf die strategische Ausrichtung hat. »Eine Verlagerung ins Ausland ist kein Thema. Die Papierproduktion ist standortabhängig und kann nicht einfach verlagert werden.« Auch beim Zementhersteller Holcim winkt man ab: »Zement ist ein lokales Geschäft – unsere Produktion ist dort, wo die Rohstoffe sind.«

Einzig beim Chemiekonzern Lonza in Visp klingt es etwas anders. Anstatt unsere Fragen zu beantworten, verwies man uns nach längerer Wartezeit auf Seite 60 des firmeneigenen Nachhaltigkeitsberichts 2021.[18] Doch dort fanden wir zunächst vor allem Greenwashing. Obwohl das Lonza-Werk in Visp zu den zehn größten Schweizer Emittenten gehört und zwischenzeitlich bedingt durch das Lachgasleck diese traurige Rangliste sogar mit großem Vorsprung anführte, schreibt der Konzern: »We do not consider our business to be carbon intensive.« (Wir betrachten unser Geschäft nicht als CO_2-intensiv.) Ob man sich bei der Lonza AG tatsächlich vorstellen könnte, das Geschäft ins Ausland zu verlegen, falls die Klimakosten in der Schweiz steigen würden? Dazu ist im Nachhaltigkeitsbericht 2021 bloß zu lesen, dass die Kohlenstoffpreise aktuell noch kein ausschlaggebender Faktor bei der Entscheidung seien, wo die Aktivitäten angesiedelt werden. Man erwarte aber einen Anstieg der Kosten und berücksichtige diesen auch im jährlichen Risikomanagement.

Wie hoch ist das Risiko von Carbon Leakage?

Die meisten Konzerne schließen eine Verlagerung ihres Geschäfts aufgrund hoher CO_2-Kosten also aus. Trotzdem schützt sie der Staat vor Carbon Leakage. Das scheint zunächst widersprüchlich.

Die Expert:innen sind sich jedoch einig, dass das Risiko von Carbon Leakage existiert. Strittiger sind hingegen die Fragen, wie viel CO_2 sich tatsächlich verlagern könnte und welcher Art und Dimension die Gegenmaßnahmen sein müssten, um dies zu verhindern.

Sonja Peterson ist Klimaökonomin und Expertin für umweltpolitische Instrumente am Kiel Institut für Weltwirtschaft. Wir erreichen sie per Zoom-Call.[19] »Ja, es ist wissenschaftlicher Konsens, dass es Carbon Leakage geben kann«, bestätigt sie. »Aktuelle Simulationen zeigen, dass es ohne Präventionsmaßnahmen, wie zum Beispiel die Zuteilung von Gratiszertifikaten, typischerweise zu einem Abfluss von 10 bis 15 Prozent der Emissionen kommt.« Die genaue Höhe des Carbon Leakage sei jedoch schwer zu bestimmen, weil das von vielen Faktoren abhänge, die nicht alle simuliert werden könnten.

Allerdings können sich die Wissenschaftler:innen in dieser Frage eigentlich nur auf Simulationen stützen. Denn für empirische Studien mit realen Werten fehlt ein Vergleichsszenario. Um tatsächlich herauszufinden, ob das EHS ohne Gratiszuteilungen zur Abwanderung von Konzernen oder Emissionen geführt hätte, müsste man die heutige Situation mit einem EHS ohne Gratiszertifikate vergleichen können – aber das gibt es nicht.

Im europäischen EHS lässt sich aktuell jedenfalls kaum Carbon Leakage beobachten. Der Schutz der Wettbewerbsfähigkeit mithilfe von Gratiszuteilungen scheint also gewirkt zu haben. Allerdings stellt sich die Frage, ob man diesen Effekt auch mit weniger Gratisemissionsrechten erreicht hätte. Das sieht auch Johanna Bocklet so. Bocklet ist Energieökonomin und schrieb ihre Doktorarbeit 2021 über das europäische EHS.[20] In ihrer Arbeit stellt sie fest, dass die Gratiszuteilungen möglicherweise weiter reduziert werden könnten, ohne das Risiko der Verlagerung von CO_2-Emissionen zu erhöhen. »Mit den Gratiszuteilungen konnte

Carbon Leakage vermutlich verhindert werden«, teilt uns Bocklet via Zoom mit.[21] »Unklar ist, ob man teilweise zu großzügig war mit den Gratiszuteilungen.« Es brauchte vor allem bei der Eisen- und Stahlproduktion, der Zement- und Kalkherstellung sowie der Zellstoff- und Papierindustrie weitere wissenschaftliche Analysen. Abgesehen von der Eisenproduktion sind das alles Sektoren, die in der Schweiz gut vertreten sind. Besonderes Augenmerk bei der Einschätzung des Carbon-Leakage-Risikos solle man, so Bocklet, darauf legen, wie mobil ein Industriesektor sei, also wie einfach sich die Produkte transportieren oder die Produktionsstandorte verschieben ließen. Je einfacher sich also die Produkte um den Globus bewegen lassen, desto ausgeprägter ist die internationale Handelsintensität in einem Sektor.

Ob die Firmen eines bestimmten Industriesektors den Carbon-Leakage-Status erhalten oder nicht, ist momentan jedoch nicht nur davon abhängig, wie mobil ihr Geschäft beziehungsweise wie hoch die Handelsintensität in einem Sektor ist, sondern auch davon, wie viele Emissionen der Sektor generiert. Die zwei Faktoren Handelsintensität und Emissionsintensität werden bei der Einschätzung, ob eine Branche den Carbon-Leakage-Status erhält, gleichwertig behandelt. Aufgrund der Gleichwertigkeit der beiden Faktoren findet man auf der Liste der Carbon-Leakage-gefährdeten Sektoren mitunter auch solche mit einer mäßigen bis geringen Handelsintensität beziehungsweise Mobilität, aber sehr hohem Treibhausgasausstoß; die sehr hohen Emissionen stechen die mäßige Mobilität im Beurteilungsverfahren sozusagen aus. Dadurch erhalten auch Sektoren den begehrten Status, die gar nicht so mobil sind und bei denen die Gefahr von Carbon Leakage entsprechend geringer ist.

Bocklet gibt ein Beispiel: »Zement hat vergleichsweise hohe Transportkosten. Es ist teuer, das Endprodukt von weit her an den Verbrauchsort zu transportieren.« Trotzdem bekämen die

Zementkonzerne aufgrund ihres Carbon-Leakage-Status extra viele Gratiszuteilungen. Das ist auch in der Schweiz so. Der Baustoffkonzern Holcim hat mit seinen 1,9 Millionen überschüssiger Gratiszertifikate in der vergangenen Handelsperiode mehr Emissionsrechte zu viel erhalten als jeder andere Schweizer EHS-Konzern. Der Grund ist derselbe wie in der EU: Die Produktion von Beton und Zement verursacht besonders viele Treibhausgase, was Holcim für seine drei EHS-Anlagen teilweise Carbon-Leakage-Status verschafft. »Aber«, so Bocklet weiter, »wegen der hohen Transportkosten könnte man durchaus darüber diskutieren, ob der Business-Case der Zementkonzerne mit einer Produktion außerhalb der EU überhaupt funktionieren würde.« Es ist also fraglich, ob sie überhaupt auswandern könnten, hohe Klimakosten hin oder her.

Steigende Zertifikatspreise bedeuten nicht zwingend Verschärfungen

Die großzügig ausgeteilten Gratisemissionsrechte haben noch einen ganz anderen Effekt, und zwar im Zusammenhang mit der Preisentwicklung der Emissionszertifikate, die wir uns in Kapitel 4 genauer anschauen. Ausgelöst durch von der EU bereits umgesetzte oder auch erst angekündigte Systemverschärfungen (vgl. Kapitel 6) und der damit absehbaren Angebotsreduktion, ist der Preis für das Recht, eine Tonne CO_2 auszustoßen, auf dem EHS-Zertifikatemarkt in den letzten Jahren angestiegen – von unter 20 Franken Ende 2019 auf rund 80 Franken im Jahr 2023. Die mögliche Schlussfolgerung, dass bei zunehmendem Zertifikatspreis das Emissionshandelssystem automatisch für alle EHS-Firmen verschärft wird, ist aber ungenau. Einerseits müssen viele Konzerne in der Schweiz nur einen Bruchteil der Emissionsrechte tatsächlich kaufen. Und andererseits konnten einige Konzerne ungenutzte Zertifikate ansparen und somit von steigenden Zertifikatspreisen sogar profitieren. Denn mit den steigenden Preisen gewinnen auch ihre Reservezertifikate an Wert.

Die Katze beißt sich also in den eigenen Schwanz. Die Politik konzipierte ein System, das für CO_2 einen Preis einführen sollte, um emissionsintensive Konzerne dazu zu bewegen, das Klima weniger zu belasten. Doch weil das Instrument funktionieren und die emissionsintensive Produktion tatsächlich verteuern würde, schenkt der Staat den Firmen mit den höchsten Emissionen besonders viele Gratisemissionsrechte, um deren Kosten tief zu halten und damit den Verbleib von Wertschöpfung, Arbeitsplätzen, Steuereinnahmen, aber auch CO_2-Emissionen am heimischen Standort zu sichern.

Je nach Jahr verteilte das BAFU 90 bis 95 Prozent aller Emissionsrechte, die pro Jahr total zur Verfügung stehen, gratis. Dank diesen großzügigen Zuteilungen kamen Carbon-Leakage-gefährdete EHS-Konzerne sowohl in der Schweiz als auch in der EU in der letzten Handelsperiode äußerst kostengünstig davon. Wie viel, beziehungsweise wie wenig die Schweizer EHS-Firmen in der letzten Handelsperiode tatsächlich für ihre Klimaverschmutzung bezahlen mussten, wie viel an CO_2-Abgaben sie durch die Teilnahme am EHS einsparen konnten und ob die Konzerne die Subventionierungen über das EHS immerhin dazu genutzt haben, sich in Sachen Klimaschutz weiterzuentwickeln, untersuchen wir in den Kapiteln 4 und 5. Zuerst gehen wir aber noch auf eine Eigenart im hiesigen Emissionshandelssystem ein. Die Schweizer EHS-Firmen erhalten nämlich noch einen Bonus: Sie profitieren zusätzlich von der Rückverteilung der CO_2-Abgabe, die sie selbst gar nicht bezahlen.

1000
1000
1000
1000
1000
1000
1000

Kapitel 3

Klimaumverteilung: Von den KMUs zu den Großkonzernen

Nur wenige Firmen dürfen ihre CO_2-Emissionen im Emissionshandelssystem abrechnen. Damit ist es für sie nicht nur günstiger, Emissionen zu verursachen. Sie profitieren auch ganz direkt davon, dass alle anderen die CO_2-Abgabe entrichten müssen. Denn die EHS-Firmen erhalten bei der Rückverteilung dieser Lenkungsabgabe Geld, ohne selbst etwas zu bezahlen. Damit wird die Idee der CO_2-Abgabe in ihr Gegenteil verkehrt. Obwohl dieses Vorgehen in einer Untersuchung durch die Eidgenössische Finanzkontrolle kritisiert wurde, hielt das Parlament bis heute an dieser Bevorteilung fest.

In diesem Kapitel geht es um geschätzte 15,7 Millionen Franken, die von 2013 bis 2020 von allen CO_2-abgabepflichtigen Unternehmen in der Schweiz bezahlt wurden und bei der Umverteilung der CO_2-Lenkungsabgabe auf die Konten der EHS-Firmen flossen. 2017 wurden diese 15,7 Millionen in einem Evaluationsbericht als »de facto Subventionen« bezeichnet.[1] Der Bericht endet mit einer klaren Empfehlung: Der millionenstarke Geldsegen für die emissionsintensivsten Konzerne der Schweiz ist ungerechtfertigt und gehört abgeschafft. Verfasst wurde die Evaluation nicht etwa von einer links-grünen Umweltorganisation, sondern von der Eidgenössischen Finanzkontrolle. »Wir sind lediglich Verfassung und Gesetzen verpflichtet und haben keine politische Färbung. Wir prüfen nach dem, was der Gesetzgeber wollte«, betont Mathias Rickli von der EFK.[2]

Rickli leitete 2017 unter der Aufsicht von Emmanuel Sangra die behördliche Analyse des Schweizer Emissionshandelssystems. Sangra ist Leiter des EFK-Fachbereichs Evaluationen. Wir treffen beide in einem digitalen Meeting. »Die EFK empfahl dem Bundesamt für Umwelt bereits 2017, diese Bevorteilung der abgabebefreiten EHS-Firmen mit einer Gesetzesänderung aus der Welt zu schaffen«, sagt Sangra. Umgesetzt wurde die Empfehlung des obersten Finanzaufsichtsorgans des Bundes bisher nicht.

Doch wie kann es überhaupt sein, dass in der Schweiz Geld von kleineren und mittleren Firmen an jene Konzerne fließt, die mit Abstand die höchsten Treibhausgasemissionen verursachen? Um das zu verstehen, muss man zuerst erklären, wie die CO_2-Lenkungsabgabe funktioniert. Alle Privathaushalte und die meisten Firmen zahlen eine Abgabe auf CO_2-Emissionen aus fossilen Brennstoffen wie Erdöl oder Erdgas. Die Abgabe fällt zum Beispiel an, wenn wir zu Hause mit Erdöl heizen oder wenn Firmen Erdgas in der Produktion einsetzen. Die CO_2-Abgabe ist im Laufe der letzten Jahre stetig angestiegen. Im Moment liegt sie bei 120 Franken pro Tonne Treibhausgase (vgl. Einleitung S. 22). In der von uns betrachteten letzten Handelsperiode von 2013 bis 2020 lag sie zwischen 36 und 96 Franken. Wie bereits erläutert, sind unter anderem die Firmen, die ihre Klimakosten im EHS abrechnen dürfen, von der CO_2-Abgabe befreit.

Die CO_2-Abgabe ist aber keine Steuer, sondern eine Lenkungsabgabe. Das heißt, das Geld landet nicht beim Staat, sondern wird an Bevölkerung und Wirtschaft zurückgegeben, zumindest zwei Drittel davon. Dabei fließt das Geld, das von den Privathaushalten eingezahlt wird, in einen anderen Rückverteilunsgstopf, als das Geld, das von den Firmen kommt. So erhalten die Privathaushalte einen Teil der Abgaben rückverteilt, die die Haushalte entrichtet haben, und die Firmen einen Teil des Geldes, das sie bezahlt haben. Die Idee dahinter: Wer weniger Treibhausgase verursacht, zahlt weniger CO_2-Abgaben, bekommt aber nach denselben Regeln Geld aus dem jeweiligen Topf der CO_2-Abgaben rückverteilt wie die, die viel emittiert hatten. Wer also umweltfreundlich agiert, wird belohnt.

Das gilt jedoch nicht für die EHS-Firmen. Dort führt die CO_2-Lenkungsabgabe unabhängig von der Klimafreundlichkeit immer zu einem Plus. Denn die EHS-Firmen kriegen Geld aus dem CO_2-Abgabetopf für die Wirtschaft, ohne dass sie selbst je etwas einzahlen. Bei den EHS-Firmen entwickelt die CO_2-Abgabe deshalb den gegenteiligen Effekt als intendiert. Anstatt dass das Geld von klimafeindlich zu klimafreundlich umverteilt wird, fließt es von klimafeindlich zu ultra-klimafeindlich. Dass diese Art von Umverteilung dem Klimaschutz nicht förderlich ist und abgeschafft werden sollte – wie die EFK empfiehlt – liegt auf der Hand.

Wahrscheinlich noch mehr Millionen

»Das Bundesamt für Umwelt hat unsere Empfehlung damals eigentlich gut aufgenommen«, sagt Mathias Rickli im Gespräch. Mit damals meint Rickli die Zeit der letzten Revision des CO_2-Gesetzes. Dabei entstand die Gesetzesversion, die im Juni 2021 vom Schweizer Stimmvolk abgelehnt wurde. Aber im Laufe des Gesetzgebungsprozesses sei der Vorschlag der EFK vom Parlament wieder gekippt worden, und das, obwohl die Einschätzung der Experten möglicherweise sogar untertrieben war. Denn die 15,7 Millionen Franken, die von 2013 bis 2020 zu den klimaschädlichsten Firmen flossen, berechneten Sangra und Rickli für den 2017 erschienenen Evaluationsbericht unter der Annahme, dass die CO_2-Abgabe bis zum Ende der Handelsperiode bei 84 Franken bliebe. 2018 erhöhte sich die Abgabe jedoch auf 96 Franken. »Mit der Erhöhung der CO_2-Abgabe steigt ja auch der Betrag, den die Firmen zurückerhalten«, erklärt Rickli. Tatsächlich könnte es also noch eine größere Summe gewesen sein, die den schlimmsten Klimasündern ohne Gegenleistung zugespielt wurde.

Bis heute erhalten die EHS-Konzerne Geld bei der Rückverteilung der CO_2-Abgabe. Seit Herbst 2023 wird das CO_2-Gesetz erneut im Parlament verhandelt. Für Firmen mit einer Zielvereinbarung, dem zweiten Schweizer Klimaschutzinstrument, das Firmen von der CO_2-Abgabe befreit (vgl. Einleitung S. 18), soll die Rückverteilung eben dieser Abgabe zwar abgeschafft werden. Für die EHS-Firmen aber sieht auch der neuste Vorschlag für ein CO_2-Gesetz, das die Zeit ab 2025 regeln soll, bis dato keine Anpassung vor.[3]

Wie viel Geld es tatsächlich war, das auf dem Weg dieser »Klimaumverteilung« zu den EHS-Firmen floss, darüber schweigen sich diejenigen aus, die davon profitieren. Der Pharmakonzern Roche schreibt uns auf Anfrage lediglich: »Beträge kommunizieren wir grundsätzlich nicht.« Die Verpackungsproduzentin Model AG fasst sich ebenso kurz: »Dazu machen wir keine Angaben.« Auch der Zementhersteller Holcim wollte zur Rückverteilung der CO_2-Abgabe nichts sagen. Viele EHS-Konzerne meldeten sich auf unsere Anfrage gar nicht erst zurück. Wenn man bedenkt, dass es sich dabei um Firmen handelt, die ohne Gegenleistung von KMUs entrichtetes Geld erhalten, wirkt dieses Abblocken geradezu zynisch.

Dabei gibt es durchaus Unternehmen, die vorbildlich mit dem Geld umgehen, das sie über die Rückverteilung der CO_2-Lenkungsabgabe erhalten. Die Rückverteilung geschieht bei den Firmen proportional zur über die Alters- und Hinterlassenenversicherung (AHV) versicherten Lohnsumme. Bei Firmen mit wenig Angestellten fällt die Rückverteilungssumme deshalb geringer aus, Firmen mit vielen Angestellten erhalten mehr. Einige Unternehmen, vorwiegend aus arbeitskraftintensiven Sektoren, haben sich dazu entschieden, das CO_2-Geld der Klimastiftung Schweiz zu spenden, die sich für die Umsetzung von Klimaschutzmaßnahmen einsetzt. Unter diesen Firmen befinden sich neben verschiedenen Kantonalbanken auch Versicherungskonzerne wie die Axa oder die Allianz. Eine Firma, die beim EHS mitmacht, sucht man unter den Spendern jedoch vergebens.[4]

Ein kleiner Trost bleibt ob der ungerecht anmutenden Rückflüsse aus der CO_2-Abgabe: »Die EHS-Firmen kriegen im Vergleich zu anderen Konzernen eher wenig Rückverteilung.« Emmanuel Sangra erklärt dies damit, dass sie trotz hoher Emissionen und Umsätze oft gar nicht so viele Angestellte haben und entsprechend der geringeren AHV-Lohnsumme kleinere Beträge erhalten. Ein einfacher Vergleich bestätigt das: Nicht nur Unternehmen, sondern zum Beispiel auch die Verwaltung der Stadt Zürich bezahlt auf den Verbrauch von Erdöl und Erdgas die CO_2-Abgabe und erhält bei der Rückverteilung Geld zurück. In der Zeit von 2013 bis 2020 erhielt die Stadt laut Entsorgung + Recycling Zürich (ERZ) auf diesem Weg rund 13,8 Millionen Franken. Das ist fast so viel, wie alle EHS-Konzerne zusammen bekamen. Die Stadt profitiert mit ihren rund 30 000 Mitarbeitenden davon, dass die Rückverteilung aus dem Wirtschaftstopf der CO_2-Abgabe umso großzügiger ausfällt, je höher die totale AHV-Lohnsumme ist.

Die Rückverteilung an die EHS-Konzerne mag vergleichsweise gering sein. Dennoch hat sie dazu beigetragen, dass von 2013 bis 2020 der Druck, CO_2-Emissionen zu reduzieren, kleiner wurde, sagt Mathias Rickli. »Das ist und bleibt unschön«, bestätigt auch Sangra. Laut ihrem Bericht von 2017 für die Eidgenössische Finanzkontrolle hat das verteilte Geld bei einigen EHS-Firmen die Kosten für den Kauf von Emissionsrechten bis 2020 zu 100 Prozent gedeckt.

Schwache Erklärungen aus dem Parlament

Weshalb bevorteilt die Politik die größten Klimazerstörer mit der CO_2-Rückverteilung noch zusätzlich? FDP-Nationalrat Matthias Jauslin begründet die Ungleichbehandlung damit, dass die EHS-Firmen viele Arbeitsplätze böten.[5] Das ist kein passendes Argument angesichts Sangras Aussage, dass die EHS-Konzerne vergleichsweise wenig Beschäftigte haben.

Auch Mitte-Nationalrat Stefan Müller-Altermatt hat bei den letzten Verhandlungen zum CO_2-Gesetz der Fortführung der Rückverteilung auch an die abgabebefreiten EHS-Firmen zugestimmt. Das EHS habe mit der CO_2-Abgabe nicht viel zu tun. Gewisse Firmen würden aber dazu gezwungen, am EHS teilzunehmen. Entsprechend stehe ihnen die Rückverteilung der Abgabe genauso zu wie allen anderen Firmen.[6] Diese Überlegung greift zu kurz. Einerseits gibt es Unternehmen, die freiwillig beim EHS mitmachen. Andererseits können gemäß Artikel 41 der CO_2-Verordnung alle Betreiber von EHS-Anlagen, die weniger als 25 000 Tonnen Treibhausgase pro Jahr emittieren, das EHS mit einem sogenannten »opt-out« verlassen.[7] 2021, im ersten Jahr der aktuellen Handelsperiode, verursachten von den 95 registrierten Schweizer EHS-Anlagen 68 weniger als 25 000 Tonnen und hätten aus dem EHS austreten können.[8] Das taten sie aber nicht. Die Model AG schreibt uns beispielsweise, dass sie die Opt-out-Möglichkeit hätte und ergänzt: »In dem Sinne haben wir freiwillig am EHS teilgenommen.«

Die Konzerne verlassen das EHS also keineswegs fluchtartig, wenn sich ihnen die Gelegenheit dazu bietet. Sie haben auch wenig Anlass. Wenn Firmen mit ihren Industrieanlagen die CO_2-Kosten im Emissionshandelssystem abrechnen, haben sie keine Nachteile, im Gegenteil.

Das EHS ist für die Konzerne eine finanzielle Erleichterung. Erstens hat das EHS, anders als von Nationalrat Müller-Altermatt dargestellt, durchaus etwas mit der CO_2-Abgabe zu tun. Denn wer seine Klimakosten nicht über das EHS begleichen kann und auch keine Zielvereinbarung hat, untersteht automatisch der CO_2-Abgabe.[9] Und diese war pro Tonne ausgestoßener Treibhausgase bislang fast ausnahmslos teurer als ein EHS-Emissionszertifikat (vgl. Kapitel 4, Grafik S. 98). Zweitens werden Industrieanlagen, die im EHS abrechnen dürfen, mit großzügigen Gratisemissionsrechten staatlich unterstützt (vgl. Kapitel 2). Und schließlich erhalten die EHS-Firmen auch noch Geld aus dem Topf der CO_2-Lenkungsabgabe, ohne selbst einzahlen zu müssen.

Zu viel Luft im System

Wir haben die zwei Experten der EFK gefragt, ob sie trotz allem noch hinter dem Klimaschutzinstrument EHS stehen. Beide bejahen, äußern aber Vorbehalte. »Es kommt eben auf die Ausgestaltung des Systems an«, sagt Sangra. »In der vergangenen Handelsperiode hatte es einfach zu viel Luft im System«, ergänzt Rickli. Unter den aktuellen EHS-Regeln besteht praktisch kein Anreiz, den CO_2-Ausstoß zu reduzieren. So schreiben es die beiden auch in ihrem Evaluationsbericht von 2017.[10]

Einen Punkt betonen beide zum Schluss unseres Gesprächs. Man müsse die 15,7 Millionen Franken aus der Rückverteilung der CO_2-Lenkungsbgabe auch ins Verhältnis zu anderen Vorzügen setzen, die für EHS-Firmen gelten. Verglichen mit den Beträgen, die die Firmen durch den Wegfall der CO_2-Abgabe sparen, fielen die 15,7 Millionen nicht so stark ins Gewicht. Oder anders formuliert: Den Firmen mit den höchsten Treibhausgasemissionen wurden weit höhere Beträge geschenkt; die 15,7 Millionen sind nur das Sahnehäubchen. Wie viel Geld die EHS-Firmen eingespart haben, weil sie keine CO_2-Abgabe bezahlen mussten und Emissionsrechte gratis erhielten, und wie viele Einnahmen dem Staat dadurch entgingen, erörtern wir im nächsten Kapitel.

Kapitel 4

Klimamilliarden für Lonza, Roche, Holcim und Co.

Es sind Beträge in Milliardenhöhe, die die größten Klimasünder der Schweiz in der letzten EHS-Handelsperiode nicht bezahlen mussten, weil sie von der CO_2-Abgabe befreit sind. Im EHS mussten sie stattdessen nur einen Bruchteil davon für ihre Klimaverschmutzung bezahlen. Das ist umso skandalöser, als dass es ganz normale Klimapolitik ist. Zudem sind die Emissionsrechte, die die EHS-Firmen Ende 2020 übrig hatten, heute mehrere Hundert Millionen Franken wert.

Es ist in der Schweiz nicht mehr kostenlos, das Klima zu belasten, aber nicht alle bezahlen denselben Preis. Während eine Dose Cola, eine Flasche Olivenöl oder ein Liter Hafermilch für alle gleich viel kostet, zahlen die einen mehr und die anderen weniger für eine Tonne ausgestoßenes CO_2. Ein besonders gutes Geschäft, so viel ist in den bisherigen Kapiteln bereits klar geworden, haben die Großkonzerne gemacht, die ihre Emissionen über das Emissionshandelssystem abrechnen dürfen.

Zwar machen die EHS-Firmen lediglich rund 0,01 Prozent aller Schweizer Firmen aus, trotzdem sind sie zusammen mit den EHS-Anlagen der öffentlichen Hand für rund 11 Prozent der gesamten inländischen Emissionen verantwortlich. Es sind also gerade die extrem klimaschädlichen Konzerne, die durch ihre Teilnahme am

Emissionshandelssystem von der CO_2-Lenkungsabgabe von aktuell 120 Franken pro Tonne befreit sind. Im EHS zahlen sie, sofern die ihnen kostenlos zugeteilten Verschmutzungsrechte für die Emissionen nicht ausreichen, um einiges weniger. An dem von uns gewählten Stichtag kostete dieselbe Menge Klimaverschmutzung 80 Franken.[1] Doch unsere Analyse zeigt, dass sich der Rabatt, den Holcim und Co. erhalten, auf weit mehr beläuft als nur die Differenz von 40 Franken pro Tonne Treibhausgase.

Wie viel Geld sparten die einzelnen EHS-Konzerne in der letzten Handelsperiode genau ein, weil sie anstelle der teuren CO_2-Abgabe die viel günstigeren EHS-Zertifikate kaufen konnten? Wie viel billiger kamen sie davon, weil sie einen Teil der Emissionsrechte zum Nulltarif erhalten haben? Wie viel Gewinn können die EHS-Firmen machen, wenn sie ihre angesparten Emissionsrechte verkaufen?

Die Antworten auf diese Fragen lassen sich berechnen, denn die dazu benötigten Zahlen sind öffentlich zugänglich. Zunächst gehen wir aber noch auf einen weiteren Trick ein, mit dem EHS-Konzerne ihre CO_2-Kosten in der vergangenen Handelsperiode ganz legal niedrig halten konnten.

Der Trick mit den Billigzertifikaten

Wie bereits in der Einleitung beschrieben, haben die staatlichen Emissionshandelssysteme und die freiwilligen oder staatlich verpflichtenden Kompensationsmärkte grundsätzlich nichts miteinander zu tun. Die einzige Überschneidung ergab sich in der Vergangenheit daraus, dass die EHS-Firmen bis 2020 neben den staatlichen Emissionsrechten auch von den sogenannten CER-Zertifikaten (Certified Emission Reduction) Gebrauch machen konnten.

Anders als die normalen EHS-Zertifikate sind die CERs an

Kompensationsprojekte in Ländern des Globalen Südens gekoppelt, die von den Vereinten Nationen (UN) koordiniert werden. Für jede Tonne Treibhausgase, die im Globalen Süden dank solchen Klimaschutzprojekten nicht emittiert wird, stellen die UN ein Emissionsrecht in Form eines CER-Zertifikats aus. Wie beim freiwilligen privaten Kompensationsmarkt werden auch hier zuweilen die Methoden kritisiert, nach denen die erhofften Treibhausgaseinsparungen berechnet werden.[2]

Diese von den UN so auf den Markt gebrachten Emissionsrechte konnten von den EHS-Firmen in der vergangenen Handelsperiode zu einem gewissen Teil anstelle der staatlichen EHS-Zertifikate eingesetzt werden, um genügend Verschmutzungsberechtigungen für die eigenen Emissionen vorweisen zu können. Auch viele Schweizer Industrieunternehmen griffen bei den CERs zu und kamen so noch günstiger weg, als wenn sie die teureren EHS-Zertifikate hätten kaufen müssen. Welche Konzerne wie viele CERs eingesetzt haben, lässt sich den im Schweizer Emissionshandelsregister hinterlegten Daten entnehmen.

Die CER-Preise scheinen hingegen weniger gut dokumentiert zu werden. Obwohl allgemein bekannt ist, dass die CERs in der vergangenen Handelsperiode sehr wenig kosteten, stellte es sich anfänglich als schwierig heraus, die genauen Preise in Erfahrung zu bringen. Die UN betreiben zwar eine Plattform, auf der die Klimaschutzprojekte vorgestellt und die CERs gekauft werden können.[3] Wie sich die CER-Preise in den letzten Jahren entwickelt haben, kann man uns aber nicht sagen: »We do not have CER price information. It is something settled between CER seller and buyer.« (Man habe keine Informationen zu CER-Preisen. Das werde zwischen Verkäufer:in und Käufer:in vereinbart.) Unsere Frage, ob es eine wissenschaftliche Stelle gibt, die die CER-Preise der vergangenen Jahre dokumentiert und statistisch analysiert hat, blieb auch nach mehrmaligen Nachfragen unbeantwortet.

Gehandelt werden die CERs unter anderem an der bereits erwähnten Energiebörse EEX in Leipzig. Dort treffen wir auf mehr Hilfsbereitschaft. Die Kommunikationsabteilung der EEX erklärt uns, dass der durchschnittliche Preis der CERs in den Jahren von 2013 bis 2020 nie über 0,50 Euro lag. Ein EHS-Zertifikat kostete über dieselbe Zeitperiode zwischen 7,5 und 40 Franken. Der Preis der CO_2-Abgabe in der Schweiz stieg von 36 Franken

Entwicklung der CO_2-Preise von 2013 bis 2022

Die verschiedenen CO_2-Preise veränderten sich im Lauf der vergangenen Handelsperiode und darüber hinaus. Die CO_2-Lenkungsabgabe stieg per Gesetz, der Preis für die EHS- und CER-Zertifikate orientiert sich am Emissionsmarkt.

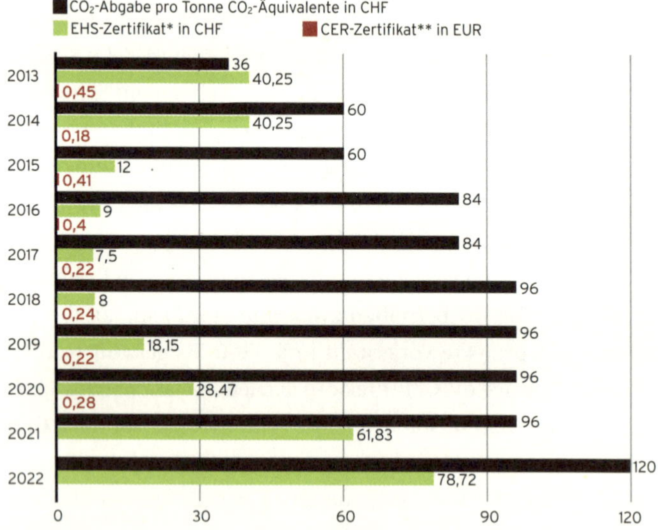

* Jahreshöchstpreis bei den Versteigerungen des Bundesamts für Umwelt (2020/2021/2022: umgerechnet von Euro in Schweizer Franken zum dann gültigen Wechselkurs)

** Durchschnittswert der täglichen Abschlusspreise an der Energiebörse EEX in Leipzig

Datenquellen: Eidg. Departement für Umwelt, Verkehr, Energie und Kommunikation UVEK/Bundesamt für Umwelt BAFU, Schweizer Emissionshandelsregister und Anfrage bei der Energiebörse EEX pro Emissionstonne im Jahr 2013 auf 96 Franken im Jahr 2020. Bei den EHS-Zertifikaten begannen die Preise erst mit der neuen Handelsperiode ab 2021 wieder anzuziehen, liegen aber weiterhin klar unter den Kosten der CO_2-Abgabe, die seit 2022 sogar 120 Franken beträgt.

In der aktuellen EHS-Handelsperiode ab 2021 können CERs nicht mehr angerechnet werden, weder in der Schweiz noch in der EU. Dass dieses Schlupfloch aus dem EHS-Reglement verschwunden ist, hat wohl mehrere Gründe. Einerseits hatten die zugekauften CER-Zertifikate den unerwünschten Effekt, dass sich die Gesamtmenge der im EHS zur Verfügung stehenden Emissionsrechte erhöhte. Denn die als CERs erkauften Emissionsrechte kamen zusätzlich zum in der CO_2-Verordnung vorgesehenen Cap auf den Emissionsmarkt.[4] Laut der in Kapitel 2 und 3 bereits erwähnten EHS-Evaluation der Eidgenössischen Finanzkontrolle haben die CERs zwischen 2013 und 2015 den Cap in der Schweiz um 4 Prozent angehoben.[5] Dies läuft der Grundidee des EHS zuwider, dass eine staatlich fixierte Gesamtmenge an Emissionsrechten zur Verfügung steht, die kontinuierlich gesenkt werden soll.

Das österreichische Umweltbundesamt stellt auf seiner Webseite[6] eine große Anzahl Informationen zum europäischen Emissionshandelssystem zur Verfügung und wird von Expert:innen in Sachen EU-EHS immer wieder als federführend genannt. Das Bundesamt nennt uns auf Anfrage denn auch noch zwei weitere Gründe dafür, weshalb die Abgabe von CERs in der laufenden Handelsperiode unterbunden wurde. Die CERs seien mitschuldig daran, dass es in der vergangenen Handelsperiode von 2013 bis 2020 im europäischen Emissionshandelssystem zu einem Preiszerfall gekommen sei. Auch habe man mit der Verbannung der CERs aus dem EHS für den Umweltschutz fragwürdige Projekte ausschließen wollen.

Die EFK zieht in ihrem Bericht von 2017 folgenden Schluss: »Fast alle Firmen im EHS, auch jene mit einer Überallokation an Emissionsrechten, haben ihren Spielraum genutzt, indem sie anstelle der kostenlos zugeteilten Emissionsrechte vorerst ausländische CERs gekauft und abgegeben haben.« Die Firmen haben sich ihre Emissionsrechte also mit billigen CERs gesichert und die teureren EHS-Zertifikate vom BAFU zur Seite gelegt. Auch die Firmen, die vom BAFU mehr Emissionsrechte gratis zugeteilt bekamen, als sie eigentlich benötigten, seien so vorgegangen.

Da die EHS-Firmen in der Schweiz maximal nur zwischen 4,5 und 11 Prozent der gratis zugeteilten Emissionsrechte mit solchen CERs ersetzen durften,[7] hatte der Einsatz der CERs keinen großen Einfluss auf die Kosten, die die Konzerne im EHS für ihre CO_2-Emissionen zu bezahlen hatten. Es machte die ganze Rechnung zwar nochmals günstiger, aber der Effekt ist im Verhältnis dazu, wie viele Emissionsrechte gratis zugeteilt wurden, eher bescheiden. An anderer Stelle machte der Zukauf der CERs aber durchaus einen gewichtigen Unterschied, und zwar bei der Anzahl Emissionsrechte, welche die Unternehmen in der vergangene Handelsperiode zur Seite legen konnten. Der Zementhersteller Ciments Vigier hat beispielsweise über die gesamte vergangene Handelsperiode hinweg knapp weniger Gratisemissionsrechte erhalten, als er für die eigenen Emissionen brauchte. Da Ciments Vigier aber auch etwa 227 000 CERs abgab, blieben am Schluss trotzdem rund 121 000 EHS-Zertifikate übrig. Jedes staatlich vergebene Emissionsrecht, das auf diese Weise durch ein CER ersetzt wurde, erhöhte dementsprechend die Anzahl EHS-Zertifikate, die bei den Firmen Ende 2020 ungenutzt in Reserve lagen. Das spielt bei den Berechnungen, die diesem Kapitel zugrunde liegen, eine Rolle.

Der Fall Tamoil

Die billigen CERs waren aber nicht der einzige Grund, weshalb es in der vergangenen Handelsperiode bei den EHS-Zertifikaten zu Einbrüchen in der Preisentwicklung kam. 2014 bezahlte man im Schweizer EHS rund 40 Franken, um beim BAFU das Recht zu erwerben, eine Tonne Treibhausgase auszustoßen. 2016 kostete ein Zertifikat 9 Franken. Dazwischen lag der Fall Tamoil.

Mitte 2015 stellte die Erdölraffinerie in Collombey im Kanton Wallis den Betrieb ein. Bis dahin war sie die mit Abstand größte Käuferin von Emissionsrechten im Schweizer EHS. Durch die Schließung der Raffinerie wurde ab 2015 im Wallis viel weniger CO_2 verursacht. Doch damit hatte man bei der Festlegung des Caps nicht gerechnet.

Durch den Wegfall der Tamoil-Raffinerie und die damit einhergehende Flutung des Schweizer EHS-Marktes mit Emissionsrechten war der Cap plötzlich viel zu hoch. Trotzdem entschied der Bundesrat damals, die für Tamoil vorgesehenen Verschmutzungsrechte im System zu lassen und zu versteigern.[8] Der Cap sei bereits für die gesamte Handelsperiode von 2013 bis 2020 im Voraus festgelegt worden, so die Begründung. Tatsächlich schien der Bundesrat keine andere Wahl gehabt zu haben. Dem Evaluationsbericht der Eidgenössischen Finanzkontrolle zufolge wäre es gesetzeswidrig gewesen, wenn das BAFU die Emissionsrechte von Tamoil nicht versteigert hätte. Doch das ist noch nicht die ganze Wahrheit.

Ein gewisser gesetzlicher Spielraum wäre dem BAFU nämlich geblieben, was auch die EFK in ihrem Bericht 2017 festhielt. Denn das Bundesamt für Umwelt muss ja jedes Jahr 5 Prozent der Zertifikate als Reserve zurückbehalten für den Fall, dass sich neue Firmen registrieren, die ebenfalls mit Emissionsrechten versorgt werden wollen. Was mit den Zertifikaten aus diesen 5 Prozent Reserven geschieht, die bis Jahresende nicht für neue Marktteilnehmer eingesetzt werden mussten, kann das BAFU entscheiden. Das BAFU hätte immerhin die Rechte, die von den 5 Prozent übrig geblieben waren, stilllegen können, anstatt sie in den Folgejahren zusätzlich zu den Tamoil-Zertifikaten auch noch auf den Markt zu bringen. Stattdessen bestätigte das BAFU auf Anfrage, dass auch in den Jahren nach der Tamoil-Schließung die 5 Prozent Reserven jeweils versteigert wurden, und berief sich darauf, dass es bis Anfang 2021 keine gesetzliche Grundlage gegeben habe, um Emissionsrechte stillzulegen. Die Eidgenössische Finanzkontrolle widerspricht dieser Einschätzung.[9]

Unsere Berechnungsmethoden: Im Zweifel für die EHS-Firmen

Ein zentraler Punkt unserer Recherche war es, genau beziffern zu können, wie viel die einzelnen Industrieanlagen und Konzerne durch die Befreiung von der CO_2-Abgabe, die Zuteilung von Gratisemissionsrechten (vgl. Kapitel 2) und mit dem Zukauf von CERs in der vergangenen Handelsperiode tatsächlich eingespart haben.

Generell sind alle Daten, auf denen unserer Berechnungen beruhen, über das Schweizer Emissionshandelsregister öffentlich einsehbar. Neben den jährlichen Emissionstonnen aller EHS-Firmen sind dort auch die zugeteilten Gratisemissionsrechte und für die vergangene Handelsperiode die eingesetzten CERs aufgelistet. Wir haben diese Angaben zusammengetragen und in der Tabelle im Anhang ab S. 180 dieses Buches aufbereitet. Mit diesen Daten kann nicht nur die Anzahl Emissionsrechte errechnet werden, die von den Firmen gegebenenfalls noch dazu gekauft werden musste, sondern auch, wie viele Emissionsrechte die EHS-Firmen jährlich auf die Seite legen konnten. Auf dieser Grundlage haben wir drei verschiedene Kennzahlen berechnet.

Erste Kennzahl: Wie viel hätten die Konzerne für ihre Treibhausgasemissionen bezahlen müssen, wenn es kein EHS gegeben hätte und ihnen stattdessen die CO_2-Abgabe verrechnet worden wäre? Dieser Betrag lässt sich relativ einfach über die jährlichen Emissionstonnen, multipliziert mit der im entsprechenden Jahr jeweils gültigen CO_2-Abgabe pro Tonne, berechnen.

Zur hypothetischen Annahme, es hätte in den vergangenen Jahren tatsächlich kein Emissionshandelssystem gegeben und die Konzerne hätten wie alle anderen der CO_2-Abgabe unterlegen, braucht es eine Präzisierung. Genau genommen hätten die EHS-Anlagen wohl nicht einmal dann den vollen Betrag für ihre Klimaverschmutzung bezahlen müssen. Denn die CO_2-Abgabe bezahlt man nur auf Emissionen aus den sogenannten Regelbrennstoffen, also Erdgas, Heizöl und Kohle. In der aktuellen Ausgestaltung der CO_2-Lenkungsabgabe ist das Verbrennen von Abfällen aus fossilem Material, wie es zum Beispiel die Kehrichtverbrennungsanlagen machen, von der Abgabe ausgenommen. Auch die sogenannten Prozessemissionen werden von der CO_2-Abgabe nicht erfasst. Damit sind diejenigen Emissionen gemeint, die nicht aufgrund von Verbrennung entstehen, sondern im Laufe des Verarbeitungsprozesses anfallen.

Ein wichtiges Beispiel dafür sind die in Kapitel 1 bereits angesprochenen geogenen Emissionen der Zementwerke. Sie machen schweizweit den größten Anteil an den Prozessemissionen aus. Auch das bei der Lonza AG anfallende Lachgas entsteht während des Herstellungsprozesses. Zudem tragen in der Schweiz laut einem durch die Umweltkommission des Nationalrats in Auftrag gegebenen Berichts die Ziegeleien, die Kalkproduktion, die Herstellung von Ethen und Ammoniak und die Stahlproduktion wesentlich zu den prozessbedingten Treibhausgasemissionen bei.[10]

Da stellt sich natürlich die Frage, weshalb das Instrument der CO_2-Abgabe nicht für alle Treibhausgasemissionen gilt, denn für das Klima ist jedes CO_2-Molekül gleich schädlich. Dass die Prozess- und Abfallemissionen über das Instrument der CO_2-Abgabe nicht besteuert werden, ist deshalb kaum sachlich oder wissenschaftlich zu begründen. Bei den Prozessemissionen können wir davon ausgehen, dass es sie außerhalb des Emissionshandelssystem wahrscheinlich gar nicht gibt und die größten Verursacher, wie zum Beispiel die Zementhersteller, über das EHS bereits in einem Bepreisungssystem versorgt sind. Das BAFU konnte keine Auskunft darüber geben, ob es gegenwärtig Konzerne gebe, die nicht am EHS teilnehmen, aber geogene Emissionen erzeugen. Man habe dazu keine Daten.

Bei den Abfallemissionen dürfte es darum gehen, dass man die Verwendung von Abfall als Brennstoff – also eine Art Zweitverwertung von Abfall zum Beispiel für den Betrieb von Fernwärmeanlagen – nicht durch zusätzliche Kostenfaktoren ausbremsen wollte. Deshalb haben auch alle Kehrichtverbrennungsanlagen bezüglich CO_2 einen Sonderdeal mit dem Bund (vgl. Kapitel 1 S. 45).

Je nach Jahr handelt es sich laut BAFU bei 60 bis 70 Prozent der Emissionen im EHS um Prozessemissionen. Wir sind bei unseren Berechnungen in diesem Kapitel jedoch grundsätzlich davon ausgegangen, dass die EHS-Firmen in einem fiktiven Szenario, in dem sie ihre Klimakosten nicht im Emissionshandelssystem abrechnen könnten, für alle ihre Treibhausgasemissionen die CO_2-Abgabe bezahlen müssten.

Zweite Kennzahl: Wie viel mussten die Konzerne für ihre Klimaverschmutzung anstelle der CO_2-Abgabe im EHS bezahlen? Die Berechnung dieser Kennzahl gestaltete sich etwas komplizierter, da dafür einige Annahmen getroffen werden mussten. Zwar kann aus den Zahlen des Emissionshandelsregisters herausgelesen werden, wie viele Emissionsrechte den Konzernen nach der Zuteilung der Gratiszertifikate pro Jahr gegebenenfalls noch fehlten. Auch die Anzahl eingesetzter CERs ist im Emissionshandelsregister für jedes Jahr hinterlegt. Unbekannt ist jedoch, ob die Konzerne die noch fehlenden Emissionsrechte jeweils mit Zertifikaten deckten, die sie aus vorhergehenden Jahren noch auf Reserve hatten, oder ob sie sie tatsächlich hinzukaufen mussten.

Um den EHS-Konzernen nicht zu tiefe Klimakosten zu unterstellen, gingen wir davon aus, dass in Jahren, in denen die ausgestoßenen Treibhausgastonnen nicht zu 100 Prozent aus den im selben Jahr gratis zugeteilten Emissionsrechten gedeckt werden konnten, alle fehlenden Zertifikate dazugekauft wurden. Ob die Firmen dies tatsächlich so gehandhabt haben oder nicht, können wir nicht sagen. Zudem verwendeten wir für die Berechnung die jährlichen Maximalpreise aus den vom BAFU durchgeführten Versteigerungen von Emissionsrechten. Bei den CERs trafen wir die Annahme, dass die Konzerne pro CER 2 Franken bezahlen mussten. Die jährlichen Durchschnittspreise für CERs lagen an der Energiebörse EEX zwar während der gesamten letzten Handelsperiode nie über 0,50 Euro. Umfragen bei verschiedenen Anlagenbetreiber zeigten jedoch, dass die tatsächlichen Kosten aufgrund von Brokerzuschlägen höher ausfielen. Zwei Franken entsprechen dem höchsten Preis für ein CER-Zertifikat, den wir während der gesamten Recherchezeit ausfindig machen konnten.

Die von uns so berechneten EHS-Kosten dürften entsprechend tendenziell über den Kosten liegen, die die Konzerne über das EHS tatsächlich für ihre Klimaverschmutzung bezahlen mussten – entweder weil sie die noch fehlenden Emissionsrechte zu einem tieferen Preis als zum Jahreshöchstpreis kaufen konnten oder weil sie einen Teil davon mit Zertifikaten deckten, die sie aus vergangenen Jahren übrig hatten.

Dritte Kennzahl: Wie viel Geld könnten die EHS-Konzerne machen, wenn sie ihre angesparten Emissionsrechte verkaufen würden? Für die Berechnungen dieser Kennzahl verwendeten wir den Preis von 80 Franken pro Emissionsrecht. Dies entspricht dem Verkaufspreis am 25. Januar 2023 auf dem Spotmarkt der Energiebörse EEX. Seither unterlag der Zertifikatspreis zwar gewissen Schwankungen, die Größenordnung blieb jedoch bis zur Publikation dieses Buches stabil. Um den Wert der Emissionsrechte zu berechnen, die noch bei den EHS-Firmen in Reserve liegen, braucht man neben dem Preis pro Zertifikat natürlich die Anzahl beiseitegelegter Zertifikate.

Dabei müssen zwei Dinge beachtet werden. Erstens: Wie viele Gratisemissionsrechte wurden den Firmen überschüssig zugeteilt? Zweitens: Wie viele Emissionsrechte wurden durch billige CERs ersetzt? Denn für jedes abgegebene CER konnten die Firmen ein teureres EHS-Emissionsrecht einsparen. Um also zu eruieren, wie viele Emissionsrechte die Firmen insgesamt zur Seite legen konnten, muss man von den gratis zugeteilten Emissionsrechten die Abgabepflicht, also die realen Emissionen, subtrahieren und die eingesetzten CERs wiederum addieren.

Auch bei diesen Berechnungen war es uns wichtig, die EHS-Firmen in das bestmögliche Licht zu stellen, weshalb wir für diese Kennzahl genau die gegenteilige Annahme im Vergleich zur zweiten Kennzahl trafen: In Jahren, in denen die ausgestoßenen Treibhausgastonnen nicht zu 100 Prozent aus den im selben Jahr gratis zugeteilten Emissionsrechten gedeckt werden konnten, gingen wir davon aus, dass alle fehlenden Zertifikate durch Emissionsrechte in Reserve gedeckt wurden anstatt durch weitere dazugekaufte Zertifikate. Diese Annahme verkleinert natürlich die Anzahl überschüssiger Emissionsrechte, und diese geringere Anzahl haben wir für unsere Berechnungen verwendet. Die tatsächliche Anzahl Emissionsrechte in Reserve, und damit auch deren Wert, könnte bei einzelnen Firmen durchaus höher sein als von uns kalkuliert.

Grundsätzlich gilt für alle von uns angestellten Berechnungen Folgendes: Falls wir mangels Informationen Annahmen machen mussten, trafen wir diese immer so, dass sie für die EHS-Konzerne maximal vorteilhaft waren.

Dank EHS wenig oder nichts bezahlt

Unsere Recherche kommt zum Schluss, dass alle Konzerne im EHS wenig bis nichts für ihre Klimaverschmutzung bezahlten, weil sie nur für einen Teil der Emissionen Zertifikate kaufen mussten (vgl. Kapitel 2) und dies erst noch zu einem tieferen Preis, verglichen mit der CO_2-Abgabe. Die Summen, die dem Staat durch den Spezialdeal EHS entgingen, sind horrend.

Selbst die Betriebe, die mangels Carbon-Leakage-Status in den letzten Jahren einen vergleichsweise weniger vorteilhaften EHS-Deal hatten, bezahlten im EHS nur einen Bruchteil dessen, was sie über die CO_2-Abgabe für ihre Emissionen hätten bezahlen müssen. Außerhalb des EHS hätte Energie Wasser Bern (ewb) beispielsweise eine rund siebenmal höhere Klimarechnung erhalten als im EHS.

Ein anderes Beispiel: Hätte der international aufgestellte Chemiekonzern BASF in der vergangenen EHS-Handelsperiode in der Schweiz für alle seine Emissionen die übliche CO_2-Abgabe entrichten müssen, hätte ihn das für den Standort im aargauischen Kaisten über die gesamte Handelsperiode hinweg fast 23,9 Millionen Franken gekostet. Über das EHS zahlte der Chemiekonzern laut unseren Schätzungen für seine Umweltverschmutzung nur knapp 1,2 Millionen Franken. BASF hat demzufolge dank der Teilnahme am EHS von 2013 bis 2020 über 22 Millionen Franken eingespart.

Noch krasser sehen die Zahlen bei der Lonza AG aus. Hätte sie für alle Treibhausgasemissionen aus ihrer Industrieanlage in Visp, also auch für die Prozessemissionen, die CO_2-Abgabe bezahlen müssen, hätte das in der vergangenen Handelsperiode 271,8 Millionen Franken gekostet. Im EHS zahlte die Lonza über dieselbe Zeitspanne für dieselbe Klimaverschmutzung schätzungsweise nur 22,2 Millionen Franken.

Das EHS von 2013 bis 2020: Die finanzielle Bilanz der Firmen

Die Teilnahme am EHS hatte für die einzelnen Firmen unterschiedliche finanzielle Auswirkungen. Grundsätzlich gilt: Einerseits sind die EHS-Firmen von der CO_2-Abgabe befreit, andererseits sind die Kosten, die sie anstelle der CO_2-Abgabe im EHS bezahlen mussten, deutlich tiefer. Zudem hatten viele Firmen am Ende der letzten Handelsperiode Emissionsrechte übrig. Diese Zertifikate können die Konzerne gewinnbringend auf dem Emissionsmarkt verkaufen. Die Tabelle ist nach den erlassenen CO_2-Abgaben sortiert.

Anlagenname	Erlassene CO_2-Abgaben in CHF*	Kosten via EHS in CHF**	Geschätzter Wert der EHS-Zertifikate in Reserve in CHF
	Das hätten die EHS-Firmen an CO_2-Abgaben vermutlich bezahlt	Das mussten die Firmen anstelle der CO_2-Abgabe schätzungsweise im EHS bezahlen	zum Zertifikatspreis von 80 Franken (Stichtag 25. Januar 2023)
Holcim, Siggenthal	331 922 916	570 594	29 808 240
Ciments Vigier, Péry	302 622 144	1 402 275	9 689 120
Jura-Cement-Fabriken Wildegg	298 734 360	2 594 036	0
Lonza, Visp	271 808 532	22 231 669	0
Holcim, Untervaz	263 508 504	391 116	114 328 640
Holcim, Eclépens	237 677 784	808 620	58 550 240
VARO Refining, Cressier	226 374 024	7 910 893	0
Jura-Cement-Fabriken Cornaux	110 806 128	4 021 069	0
CIMO, Monthey	78 068 844	3 738 285	0

Anlagenname	Erlassene CO_2-Abgaben in CHF*	Kosten via EHS in CHF**	Geschätzter Wert der EHS-Zertifikate in Reserve in CHF
Tamoil Raffinerie Collombey	67 131 432	14 939 792	0
Stahl Gerlafingen AG Gerlafingen	59 596 056	536 397	1 945 600
GETEC PARK Schweizerhalle	57 756 108	890 704	0
DSM Nutritional Products, Sisseln	53 225 328	1 270 422	0
ewb Energiezentrale Forsthaus Murtenstrasse	47 849 688	6 963 590	0
Steeltec AG Emmenbrücke	36 020 916	61 620	7 477 920
Kalkfabrik Netstal Netstal	35 906 652	40 024	11 568 400
IWB Fernheizkraftwerk Volta, Voltastrasse	33 735 816	4 584 215	0
Valorec, RSMVA	28 715 976	71 446	2 826 640
BASF, Kaisten	23 855 304	1 162 067	0
SIG Wärmekraftwerk Lignon	22 889 880	1 986 001	0
Flumroc, Flums	20 704 836	271 885	367 920
Schweizer Zucker AG Frauenfeld	20 259 552	1 053 346	0
ERZ Aubrugg Herzogenmühle	20 255 100	1 098 708	0
Vetropack, St-Prex	20 109 420	570 937	0
Transitgas Station Ruswil	19 155 408	1 376 918	750 880
Schweizer Zucker AG Aarberg	18 717 804	1 073 077	0
Gemeinde Lausanne Heizwerk Pierre-de-Plan	18 162 900	1 241 475	0
ZZ Wancor, Bürglen	16 565 160	362 698	3 556 800
SI Group, Pratteln	15 834 180	595 811	0

Anlagenname	Erlassene CO_2-Abgaben in CHF*	Kosten via EHS in CHF**	Geschätzter Wert der EHS-Zertifikate in Reserve in CHF
Flughafen Zürich Flughafen Kloten	15 817 848	1 035 295	0
Perlen Papier, Perlen	15 722 688	22 882	81 590 320
F. Hoffmann-La Roche Basel	15 589 512	88 671	4 197 440
Utzenstorf Papier Utzenstorf	13 417 848	9370	9 638 560
IWB Heizwerk Bahnhof Solothurnerstrasse	13 050 600	1 058 158	0
Novelis Fonderie, Sierre	11 164 500	1 059 077	0
IWB fossile Heizkessel Hagenaustrasse	10 562 268	1 607 541	0
Constellium Valais, Steg	10 113 336	7108	3 311 840
IWB Heizwerk Rosen-thal, Maulbeerstrasse	9 718 500	1 337 386	0
Novelis Laminoirs Sierre	9 679 980	695 635	0
GZM Extraktionswerk Lyss	8 803 836	27 562	1 043 200
Kimberly-Clark Niederbipp	7 286 544	10 040	4 046 640
Gemeinde Lausanne STEP	5 582 856	341 647	0
Weidmann Electrical Technology, Rapperswil	4 546 824	2646	820 160
Ziegler Papier Grellingen	4 477 080	450 464	312 320
Siegfried Evionnaz SA Evionnaz	4 432 728	245 499	0
Model AG, Niedergösgen	4 209 480	9118	3 277 760
Model AG, Weinfelden	4 198 920	3086	3 056 960
Valorec Kesselhaus Klybeck	4 023 156	34 702	5 076 080

Anlagenname	Erlassene CO_2-Abgaben in CHF*	Kosten via EHS in CHF**	Geschätzter Wert der EHS-Zertifikate in Reserve in CHF
Constellium Valais Sierre-Chippis	3 926 892	3880	1 264 720
ERZ, Josefstrasse	2 125 596	221 316	0
Dottikon Exclusive Synthesis, Dottikon	1 572 960	20 748	478 000
Valorec, St. Johann	610 356	42 852	1 936 400
Gemeinde Lausanne Heizwerk Bossons	417 900	33 515	0
ERZ, Hagenholzstrasse	233 052	9955	168 560
Gemeinde Lausanne Heizwerk Malley	177 252	13 793	22 960
ERZ, Regina-Kägi-Hof	124 344	12 384	0
Total	**2 939 557 608**	**92 224 019**	**361 112 320**

*Berechnung unter der Annahme, dass die Firmen die CO_2-Abgabe auch für Abfall- und Prozessemissionen hätten bezahlen müssen.

** Berechnet anhand der im jeweiligen Jahr tatsächlich abgegebenen Zertifikate. Die Anzahl kann von der Abgabepflicht (= Emissionen) gemäß Tabelle im Anhang ab S. 180 abweichen, zum Beispiel weil Firmen ihre Zertifikate erst im Folgejahr eingereicht haben.

Datenquellen: Schweizer Emissionshandelsregister, Eidg. Departement für Umwelt, Verkehr, Energie und Kommunikation UVEK/Bundesamt für Umwelt BAFU und Energiebörse EEX

Noch günstiger kam es unseren Berechnungen zufolge für den Pharmakonzern Roche. Anders als BASF oder Lonza musste Roche in der vergangenen Handelsperiode für den Standort in Basel so gut wie keine Emissionsrechte kaufen. Dem Pharmariesen wurden jedes Jahr außer 2013 mehr EHS-Zertifikate gratis zugeteilt, als er für seine Emissionen brauchte. Bezahlt hat Roche für seine über 200 000 Tonnen CO_2, die das Unternehmen von 2013 bis 2020 in Basel emittierte, also wahrscheinlich so gut wie nichts. Geht man davon aus, dass der Konzern 2013 die fehlenden Emissionsrechte tatsächlich dazukaufen musste, kostete ihn das gerade einmal 88 000 Franken.

Es ist aber auch möglich, dass Roche bereits zum Start der vergangenen Handelsperiode, also 2013, Zertifikate auf Reserve hatte. Denn auch von der vorletzten in die letzte Handelsperiode durften die EHS-Konzerne ihre überschüssigen Emissionsrechte mitnehmen. Dann hätte Roche gar nichts bezahlt für seine Klimaverschmutzung. Alles in allem hat Roche die Handelsperiode 2013 bis 2020 im EHS am Standort Basel aber sowieso mit einem Plus abgeschlossen: Der Konzern hatte zwar keine CERs abgegeben, aber am Ende trotzdem gratis zugeteilte Verschmutzungsrechte für etwa 52 000 Tonnen Treibhausgase übrig. Roche kann diese überschüssigen Emissionsrechte verkaufen – Stand Januar 2023 für rund 80 Franken pro Stück – und könnte damit einen Gewinn von beinahe 4,2 Millionen Franken verbuchen. Er kann sie aber auch weiterhin zur Seite legen und darauf spekulieren, dass der Preis für das Emissionsrecht von einer Tonne Treibhausgase in der aktuellen Handelsperiode noch weiter ansteigt, denn davon ist auszugehen. Hätte Roche in derselben Zeit für alle verursachten Emissionen die CO_2-Abgabe bezahlen müssen, hätte der Staat damit annähernd 15,6 Millionen Franken vom Basler Pharmaunternehmen eingenommen.

Zur Erinnerung: Roche betreibt am Standort Basel gemäß eigenen Angaben gar keine brennstoffintensive Industrie mehr (vgl. Kapitel 1 S. 50). Der Standort hat sich von einem klassischen Produktionsstandort zu einer »Launch-Site« weiterentwickelt. Es stellt sich damit grundsätzlich die Frage, wann ein Konzern seine EHS-Privilegien für eine Industrieanlage wieder abgeben und wie alle anderen einfach die CO_2-Abgabe bezahlen muss. Das zuständige Bundesamt für Umwelt teilte uns dazu Folgendes mit: »Solange die Anlagen bestehen, mit welchen die Ausübung einer Tätigkeit nach Anhang 6 der CO_2-Verordnung möglich bleibt, bleibt der Betreiber der Anlagen grundsätzlich im EHS.«

Dabei erhalten die Firmen nicht nur für die Emissionen aus ihrer Hauptproduktionstätigkeit den günstigeren EHS-Spezialdeal, sondern laut einer Mitteilung des BAFU für den ganzen Produktionsstandort – also auch für die Emissionen aus Nebentätigkeiten wie Forschungslabors, Büros oder Kantinen.[11] Roche muss also auch für etwaige fossile Heizemissionen der Forschungslabors oder auf Emissionen, die in den Kantinen anfallen, keine CO_2-Abgabe bezahlen und darf stattdessen die günstigeren EHS-Emissionsrechte abgeben. Handelt es sich bei den Forschungen auch noch um Nebentätigkeiten einer Carbon-Leakage-gefährdeten Haupttätigkeit, gilt auch sie als Carbon-Leakage-gefährdet, was extra viele Gratisemissionsrechte bedeutet.[12]

Beim Standort von Roche in Basel war das tatsächlich der Fall. Anders ist es beim Transformationsareal Klybeck, wo auch das Kesselhaus Klybeck heute unter anderem zur Herstellung von Komfortwärme, also zum Heizen von Ateliers, Büros und anderen Zwischennutzungen betrieben wird. Zwar hat die Anlage zum Teil den Carbon-Leakage-Status, das Heizen mit einem fossil betriebenen Dampfkessel gilt ohne gefährdete Haupttätigkeit jedoch nicht als Carbon-Leakage-gefährdet. Trotzdem bleibt der Deal auch für die Besitzerinnen des Klybecks-Areal, das Versicherungsunternehmen Swiss Life und die Rhystadt AG, ziemlich gut. Denn anders als bei den meisten anderen Immobillien muss man beim Klybeck-Areal dank der Teilnahme am EHS nicht für jede Tonne Heizemissionen die teure CO_2-Abgabe hinlegen. In der vergangenen Handelsperiode wurden dem Standort Klybeck sogar mehr Gratisemissionsrechte zugeteilt, als gebraucht wurden. Und auch 2021 und 2022 erhielt die Anlage noch über ein Drittel der benötigten Emissionsrechte umsonst.

Bei der Perlen Papier AG kommen wir mit unseren Berechnungen einmal mehr auf beachtliche Werte. Hätte die Papierfabrik für jede Treibhausgastonne die CO_2-Abgabe bezahlen müssen, wären die Kosten dafür bei über 15 Millionen Franken zu liegen gekommen. Im EHS hat die Papierfabrik für dieselbe Klimaverschmutzung nicht einmal 23 000 Franken bezahlt. Bei der Perlen Papier AG sammelten sich über die letzte Handelsperiode hinweg schätzungsweise über eine Million nicht verwendeter Zertifikate an. Hätte Perlen Papier alle Zertifikate am 25. Januar 2023 verkauft, wären damit über 81 Millionen Franken eingenommen worden. Im Verhältnis zu den ausgestoßenen Treibhausgasen verbucht keine andere Anlage einen so hohen potenziellen Gewinn durch die Zertifikate in Reserve. Tatsächlich hat die Papierfabrik nach eigenen Angaben im Geschäftsjahr 2021 einen Teil ihrer überzähligen Zertifikate für knapp 18 Millionen Franken verkauft (vgl. Kapitel 2 S. 72).

Betrachtet man die Zahlen nicht im Verlgeich zu den Emissionswerten, sondern absolut, erreicht der Zementhersteller Holcim mit Abstand die beeindruckendsten Zahlen. Von 2013 bis 2020 hat der Konzern unseren Berechnungen nach für die Emissionen aus allen drei Anlagen über das EHS nicht ganz 1,8 Millionen Franken bezahlt. Hätte Holcim für jede Tonne Treibhausgase die CO_2-Abgabe entrichten müssen, hätte der Konzern für seine drei hiesigen Produktionsanlagen in der vergangenen Handelsperiode eine Klimarechnung von vermutlich 833 Millionen Franken erhalten.

Zu beachten ist hier, dass schweizweit wohl in keiner anderen Branche so viele Abfall- und Prozessemissionen anfallen wie bei der Zementherstellung. Einerseits sind rund zwei Drittel der Emissionen geogene Emissionen (vgl. auch Kapitel 1 S. 53). Andererseits setzt die Zementbranche in den letzten Jahren immer stärker auf den Einsatz von Abfall als Brennstoff. Neben Lösungsmitteln, Altreifen und Gummiabfällen wird in den Zementwerken auch Tiermehl und Klärschlamm verbrannt (vgl. Kapitel 2 S. 70). Laut Jahresbericht 2022 des Schweizer Dachverbands der

Zementhersteller cemsuisse betrug der sogenannte Substitutionsgrad, also der Grad, zu welchem die fossilen Brennstoffe mit Abfall ersetzt wurden, rund 70 Prozent.[13]

Unter den aktuell tatsächlich geltenden Regeln, gemäß denen auf Abfall- und Prozessemissionen keine CO_2-Abgabe anfällt, hätte Holcim deshalb auch im System der CO_2-Abgabe nur für einen Bruchteil der Emissionen tatsächlich etwas bezahlt. Geht man davon aus, dass Holcim in einer fiktiven Welt ohne EHS tatsächlich nur für die Emissionen aus dem Einsatz der fossilen Regelbrennstoffe die CO_2-Abgabe bezahlt hätte, wären das in der letzten Handelsperiode aber immer noch circa 83 Millionen Franken gewesen.

So oder so wird durch die Teilnahme am EHS aus dem Einzahlungsschein für Holcim unter dem Strich eine Gutschrift, zumindest eine potenzielle. Denn unsere Kalkulationen haben ergeben, dass der Zementhersteller am Ende der letzten Handelsperiode noch rund 2,5 Millionen Emissionsrechte übrig hatte: 1,9 Millionen durch Gratiszuteilungen, die über die eigenen Emissionstonnen hinausgingen, und nochmals etwa 0,6 Millionen dank den abgegebenen CERs. Am von uns verwendeten Stichtag im Januar 2023 hatten diese Zertifikate einen Wert von über 200 Millionen Franken.

Die Frage, ob man diese Emissionsrechte tatsächlich verkauft hat, lässt der Zementhersteller, wie schon im Kapitel 2 erwähnt, unbeantwortet. Stattdessen schreibt man uns: »Das EHS erhöht die Produktionskosten und trägt daher dazu bei, Innovationen und Investitionen zu fördern, die die CO_2-Emissionen [...] reduzieren.« Die Zahlen aus unseren Berechnungen zeichnen ein anderes Bild. Demnach musste Holcim über das EHS keineswegs mehr bezahlen. Deshalb haben wir nochmals nachgefragt, um wie viel die Kosten durch die Teilnahme am EHS denn genau gestiegen seien. Die Antwort lautete: Zu den Produktionskosten mache man keine Angaben. Ob das EHS dazu beigetragen hat, Innovationen und Investitionen zu fördern, erörtern wir in Kapitel 5.

Millionen mehr bei den Konzernen, Milliarden weniger in der Staatskasse

Wie viele Firmen ihre Emissionsrechte tatsächlich in Gewinne umgewandelt haben, können wir nicht sagen. Rein theoretisch könnten diese Zahlen berechnet werden. Nach einer Sperrfrist von drei Jahren werden im Schweizer Emissionshandelsregister nämlich sämtliche Transaktionen öffentlich aufgelistet. Um also herauszufinden, welche Konzerne ihre Zertifikatsüberschüsse tatsächlich zu Cash gemacht haben, müsste man die entsprechenden Verkäufe aus den rund 50 000 im Emissionshandelsregister aufgeführten Transaktionen herausfiltern.

Eine französisch-spanische Recherche hat genau das in den europäischen Registern getan und machte im Mai 2023 publik, dass Stahl- und Zementunternehmen in Frankreich und Spanien Millionen, in einigen Fällen sogar Milliarden von Euro durch den Weiterverkauf von Emissionsrechten eingenommen haben. »Wie aus einer Umweltmaßnahme ein milliardenschweres Fiasko wurde«, titelt das spanische Onlinemedium *el Diario.*[14] »Wie umweltverschmutzende Unternehmen kostenlose CO_2-Zertifikate in einen Milliardenmarkt verwandelt haben«, liest man bei der Tageszeitung *Le Monde.*[15]

Für die Schweiz gibt es bis anhin keine solche Berechnung. Was wir aber bereits jetzt sagen können: Die Zertifikate, die alle EHS-Firmen zusammen nach dem Ende der letzten Handelsperiode übrig hatten, sind mit dem Zertifikatspreis von 80 Franken schätzungsweise 361 Millionen Franken wert.

Auf der staatlichen Seite sieht es anders aus. Alles in allem entging dem Bund in der letzten EHS-Handelsperiode sehr viel

Geld. Hätten die EHS-Konzerne für alle ihre Emissionen, also sowohl für diejenigen aus den Regelbrennstoffen wie auch für die Prozess- und Abfallemissionen, die CO_2-Abgabe entrichten müssen, wären das Staatseinnahmen von rund 2,9 Milliarden Franken gewesen. Davon wären rund 1 Milliarde Franken, also 1000 Millionen, für die Emissionen aus den Regelbrennstoffen angefallen, die auf jeden Fall CO_2-abgabepflichtig sind. Über das EHS haben dieselben Firmen zusammen lediglich ungefähr 92 Millionen Franken für ihre Klimaverschmutzung bezahlt.

So wie das System in der vergangenen Handelsperiode ausgestaltet war, ist das EHS viel eher eine millionenschwere Subventionierungsmaschine für emissionsstarke Unternehmen als ein griffiges Instrument zur Reduktion von Treibhausgasen. Beim EHS mitzumachen ist daher kein Müssen, sondern ein Dürfen. Aber war diese offenkundige Bevorteilung berechtigt?

Kapitel 5
Klimainvestitionen dank EHS-Spezialdeal?

Wenn es darum geht, für die eigene Klimaverschmutzung aufzukommen, wurden die klimaschädlichsten Industriezweige der Schweiz von 2013 bis 2020 mit Samthandschuhen angefasst. Waren diese Privilegien wenigstens insofern gerechtfertigt, als die EHS-Konzerne das gesparte Geld für die dringend notwendigen Investitionen in den Klimaschutz eingesetzt haben, um damit den grünen Wandel voranzubringen? Unsere Recherche förderte viel Greenwashing und wenige wirklich transformative Maßnahmen zu Tage und stimmt damit wenig optimistisch.

Im vorangehenden Kapitel haben wir dargestellt, dass dem Staat Milliarden an Einnahmen entgingen, weil ein paar Dutzend Firmen in der Schweiz einen Spezialdeal mit dem Bund haben und von der CO_2-Abgabe befreit sind. Die Rechnung, die die Unternehmen stattdessen im Emissionshandelssystem für ihre Riesenemissionen begleichen müssen, ist vergleichsweise klein, nicht nur, weil darin der Preis pro Tonne CO_2 tiefer ist, sondern auch wegen der vielen Verschmutzungsberechtigungen zum Nulltarif. Dass es sich bei den Gratisemissionsrechten um Subventionen handelt, darüber sind sich Expert:innen größtenteils einig. So listet etwa auch der Kieler Subventionsbericht des Instituts für

Weltwirtschaft die kostenlos zugeteilten EHS-Zertifikate als Subventionen auf.[1]

Mit den Informationen aus Kapitel 2 können wir vorwegnehmen, dass die Subventionierung durch Gratisemissionsrechte Carbon Leakage, also das Abwandern von Emissionen oder ganzer Produktionsstätten ins Ausland, vermutlich verhindern konnte. Ob Carbon Leakage jedoch auch mit weniger großen Subventionen hätte unterbunden werden können, kann bei der vorhandenen Datenlage nicht abschließend beurteilt werden.

Hingegen ist offensichtlich, dass die Emissionen der subventionierten Konzerne mangels finanziellen Drucks nur bedingt gesunken sind. Auch wenn die EHS-Konzerne ihre Emissionen teilweise reduzieren konnten, wurde in anderen Sektoren deutlich mehr erreicht. Während die Schweizer EHS-Firmen ihre Emissionen in der letzten Handelsperiode im besten Fall um rund 10 Prozent senken konnten, haben bei den Privathaushalten die Emissionen im selben Zeitraum um volle 31 Prozent abgenommen (vgl. Kapitel 1 S. 57).

In den vergangenen Jahren ist bei den EHS-Konzernen bezüglich CO_2-Reduktionen also nicht sonderlich viel geschehen. Aber wie sieht es hinsichtlich der kommenden Jahre aus? Das bringt uns zu einem Argument, das uns als Rechtfertigung des EHS-Spezialdeals im Laufe unserer Recherche mehr als einmal begegnet ist. Es lautet in etwa so: *Es macht keinen Sinn, den Konzernen das Geld über hohe CO_2-Kosten aus der Tasche zu ziehen, wenn sie es doch gerade für Investitionen in die dringend notwendige Dekarbonisierung ihrer Produktion brauchen.* Entsprechend wollten wir von den EHS-Konzernen wissen, ob sie ihre subventionierte Position für Klimainvestitionen genutzt haben, damit sich die Treibhausgasemissionen künftig signifikanter verringern. Eine Antwort darauf fällt vielen Firmen schwer, denn häufig fehlen die entsprechenden Zahlen.

Wenig Daten zu Klimainvestitionen

Die in der Energieversorgung tätige Transitgas AG schreibt auf Anfrage, dass man uns die gewünschten Daten nicht liefern könne, weil man »vieles erst 2020 angepackt« habe. Auch der Flughafen Zürich kann keine konkrete Zahl für seine Klimainvestitionen nennen, da man die Klimaschutzkosten nicht separat erhebe. »So gilt beispielsweise die Erneuerung einer Gesamtbeleuchtung mit Umstellung auf LED nicht als Klimaschutzmassnahme, auch wenn dadurch der Strombedarf mehr als halbiert werden kann«, teilt uns die Mediensprecherin des Flughafens mit.

Ähnlich schwammig klingt es bei der Papierfabrik Perlen. »Wir investieren pro Jahr insgesamt 20 bis 30 Millionen Franken in neue Kapazitäten, Anlagen und Effizienzverbesserungen«, beantwortet der Kommunikationsleiter der Papierfabrik die Frage, wie viel bei Perlen Papier in der vergangenen Handelsperiode für Klimaschutz ausgegeben wurde. Diese Maßnahmen seien zwar auch klimarelevant, der Effekt werde aber nicht gesondert ausgewiesen.

Es lohnt sich, diese Investitionen mit den Subventionen via EHS zu vergleichen. In Kapitel 4 haben wir aufgezeigt, dass Perlen Papier durch die Teilnahme am EHS von 2013 bis 2020 gemäß unserer Analyse über 15 Millionen Franken an CO_2-Abgaben einsparte. Zudem hat keine andere Fabrik im EHS einen größeren Überschuss an Zertifikaten im Verhältnis zur Anzahl Emissionsrechte, die abgeliefert werden mussten. Die nicht verwendeten Emissionsrechte entsprechen einem geschätzten Gegenwert von über 81 Millionen Franken.

Vom Zementhersteller Ciments Vigier erhalten wir noch weniger klare Angaben zu den getätigten Klimaschutzinvestitionen. »Wir bevorzugen es, die Investitionskosten in Klimaschutzmassnahmen nicht zu kommunizieren«, schreibt uns die Pressestelle und verweist für spezifische Umweltschutzmaßnahmen auf ihren Nachhaltigkeitsbericht 2021. Den dort aufgeführten Maßnahmen haftet jedoch etwas Verzweifeltes an, denn der Zementhersteller versucht, minimale CO_2-Einsparungen zu vermarkten. Unter der Rubrik »Klima« liest man, dass der 2018 in Betrieb genommene elektrische E-Dumper Lynx, ein riesiger batteriebetriebener Muldenkipper, jährlich 130 Tonnen CO_2 spare.[2] Gemessen an den 470 000 Tonnen Treibhausgase, die der Konzern 2020 emittierte, erscheint die Einsparung durch den E-Dumper kümmerlich.

Zum Vergleich: Auch die Klimagerechtigkeitsbewegung rühmt sich hin und wieder damit, Emissionen aus dem Industriesektor zu verhindern, indem sie durch Aktionen des zivilen Ungehorsams fossile Infrastruktur blockiert. Klimaaktivist:innen besetzen beispielsweise für einige Stunden, selten für wenige Tage, Kohlebagger oder ketten sich an Gleise, die die Kohle von der Grube zum Kraftwerk transportieren. Im Braunkohlekraftwerk Neurath sollen laut Angaben von Aktivist:innen mit nur einer Aktion 8000 Tonnen CO_2 verhindert worden sein.[3] Bezüglich Größenordnung können es die Aktivist:innen also durchaus mit Klimaschutzmaßnahmen der Großkonzerne aufnehmen.

Etwas konkreter fällt die Antwort des Baustoffriesen und Zementherstellers Holcim aus: »In den letzten Jahren investierte Holcim Schweiz im zweistelligen Millionenbereich in Projekte für Umweltmassnahmen.« Unsere Berechnungen zeigen jedoch auch, dass Holcim dank der Teilnahme am EHS von 2013 bis 2020 833 Millionen Franken an CO_2-Abgaben einsparte, wenn man davon ausgeht, dass die Abgabe für alle emittierten Treibhausgase angefallen wäre. Unter der Annahme, dass außerhalb des EHS dem Zementhersteller die CO_2-Abgabe für die Abfall- und Prozessemissionen erlassen worden wären, blieben Ersparnisse von rund 83 Millionen Franken. In beiden Szenarien kommen aber noch die Emissionsrechte dazu, die Holcim umsonst vom Staat erhalten hat und für die eigenen Emissionen gar nicht einsetzen musste, mit einem geschätzten Wert von über 200 Millionen Franken (vgl. Kapitel 4 S. 115).

Auf Anfrage schickte uns Holcim die Medienmitteilungen zu drei konkreten Umweltschutzmaßnahmen. In der ersten Medienmitteilung geht es um die 2018 neu entwickelte Zementsorte Susteno, die 10 Prozent weniger CO_2-Emissionen verursache.[4] Susteno wird als erster und einziger ressourcenschonender Zement in Europa angepriesen. Die neue Zemensorte enthalte aufbereitetes Mischgranulat aus rückgebauten Gebäuden. Mit dem Verkauf von Susteno konnte Holcim 2020 laut eigenen Angaben 7000 Tonnen CO_2-Emissionen einsparen. Der zweiten Medienmitteilung zufolge hat Holcim in einem seiner drei Werke eine Turbine in Betrieb genommen, mit der die bei der Zementproduktion entstehende Abwärme zur Stromerzeugung genutzt werden kann.[5] Schließlich gibt Holcim in der dritten Medienmitteilung an, dass dank einer neuen Solaranlage den Mitarbeiter:innen und Besucher:innen im Zementwerk in Eclépens nun eine Ladestation für ihre E-Autos zur Verfügung steht.[6]

Das alles klingt nicht schlecht, ist aber nur ein Tropfen auf den heißen Stein. Gemäß Schweizer Emissionshandelsregister stießen 2020 die drei Anlagen, die Holcim im EHS abrechnet, zusammen über 1,3 Millionen Tonnen Treibhausgase aus. Damit ist der Zementhersteller ganz allein für rund 3 Prozent aller Emissionen auf Schweizer Territorium verantwortlich.

Wir brauchen transformative Maßnahmen

Auch der Wirtschaftswissenschaftler Michael Pahle ist skeptisch, ob Konzerne mit E-Dumpern substanziell etwas gegen die Klimakrise tun können. Pahle arbeitet am Potsdam-Institut für Klimafolgenforschung zum Emissionshandelssystem und forscht an

Strategien zur Erreichung von Klimaneutralität. »Es gibt marginale Maßnahmen wie Effizienzsteigerungen oder dass man E-Autos auf dem Gelände einführt, und es gibt transformative Maßnahmen«, erklärt Pahle per Videocall.[7] Was wirklich zähle, sei Letzteres, denn nur das ändere die Geschäftsstrategie langfristig. »Grundsätzlich muss man also schauen, wo für dezidiert emissionsfreie Anlagen wirklich Geld in die Hand genommen wird. Alles andere ist zu wenig, um in den noch verbleibenden zwei Jahrzehnten auf Netto-Null zu kommen.«

In dieser Hinsicht hat von den angefragten EHS-Firmen anscheinend nur eine wirklich wesentlich in den Klimaschutz investiert: die Stahlverarbeiterin Steeltec AG in Emmenbrücke. Steeltec setzt nicht nur auf Effizienzsteigerung, sondern elektrifiziert ihre gesamte Stahlverarbeitung und spielt damit bezüglich Klimaschutzmaßnahmen in einer anderen Liga als Holcim mit der Installation von Ladestationen für E-Autos.

Indem Steeltec mit dem sogenannten Lichtbogenverfahren auf Elektrostahlöfen umstellte, investierte sie in eine Technik, mit der sie ihr Kerngeschäft, also die Verarbeitung von Recyclingstahl, von fossilen Energieträgern befreit – vorausgesetzt, der für diese Technik genutzte Strom wird ohne Kohle, Erdgas oder Erdöl erzeugt. Das Lichtbogenverfahren kann jedoch nur für die Verarbeitung von Stahl oder Stahlschrott und zur Produktion von frischem Stahl aus Eisen verwendet werden. Für die Herstellung von Eisen aus Eisenerz und damit indirekt auch für die Produktion von frischem Stahl braucht die Industrie nach wie vor fossile Brennstoffe. Stahl ist grundsätzlich gut rezyklierbar, aber da es verschiedene Stahlsorten gibt, die jeweils unterschiedliche Legierungsmetalle enthalten, ist es trotzdem nicht ganz einfach, die Kreisläufe zu 100 Prozent mit Stahlschrott zu schließen.[8] Deshalb dürfte auch Steeltec zumindest indirekt zu einem gewissen Teil weiterhin vom Einsatz fossiler Brennstoffe abhängig sein.

Die Umstellung auf Ökostrom ist unbestritten wichtig, aber freilich kein Allheilmittel, wie das Beispiel der letzten Erdölraffinerie der Schweiz zeigt. Betrieben wird die fossile Infrastruktur im neuenburgischen Cressier von der VARO Energy Group. Im Januar 2022 gab diese bekannt, dass sie die leistungsstärkste Freiflächensolaranlage der Schweiz bauen werde. Diese Anlage könne den Strom für 2000 bis 2500 Haushalte produzieren.[9] Dort wird der Strom jedoch nie ankommen, denn das größte Solarfeld der Schweiz soll nicht die Wohnungen in Cressier, sondern die einzige verbliebene Erdölraffinerie des Landes mit Elektrizität versorgen. »Bei voller Leistung deckt die Anlage mehr als 60 Prozent des Strombedarfs der Raffinerie ab«, ist auf der Webseite von VARO zu lesen. Dort steht auch, dass man damit zur Energiewende beitragen will.

Für eine wirklich transformative Energiewende müssten die Solarpanels allerdings die umliegenden Haushalte mit Strom versorgen, anstatt einer Infrastruktur aus dem fossilen Zeitalter ein grünes Mäntelchen umzulegen. Erdölraffinerien lassen sich anders als Papierfabriken oder Stahlwerke schlichtweg nicht dekarbonisieren, denn sie sind selbst Teil der fossilen Energieversorgung. In einer dekarbonisierten Welt gibt es keine Erdölraffinerien mehr – auch nicht solche, die mit Solarenergie betrieben werden.

Genügen die Klimainvestitionen?

Ein bisschen etwas hat sich also getan in Sachen Klimaschutz. Die angefragten Firmen zählen aber insgesamt nur wenige transformative Schritte auf. Wie viel die durchgeführten Klimaschutzmaßnahmen gekostet haben, kann oder will uns keiner der angefragten Konzerne genau sagen. Unsere Recherche zeigt aber, dass die Subventionen, die via EHS an die Konzerne geflossen sind, in vielen Fällen um einiges höher gewesen sein dürften als die Ausgaben für den Klimaschutz.

Dabei wären substanzielle Investitionen unbedingt notwendig. Wie das Bundesamt für Energie (BFE) schreibt, brauchen wir für den klimagerechten Umbau der Schweiz über die nächsten 25 Jahre hinweg zusätzliche Klimainvestitionen von 109 Milliarden.[10] Nicht mit eingerechnet sind hier Unterstützungsgelder für die Länder des Globalen Südens, zu denen sich die Schweiz zusammen mit allen anderen Industriestaaten im Pariser Klimaabkommen im Sinne der ausgleichenden Gerechtigkeit verpflichtet hat.

Leider war die Abmachung über diese internationale Klimafinanzierung von Anfang an mangelhaft. Es wurde nie festgelegt, wer wie viel bezahlen muss. Stattdessen soll jedes Industrieland selbst entscheiden, welcher Betrag angemessen ist – je nach Höhe der eigenen Emissionen und der finanziellen Mittel, die dem Land zur Verfügung stehen. Auch wenn es keinen klaren Zuteilungsschlüssel gibt, steht dennoch fest, dass reiche Länder mit hohen Emissionen mehr bezahlen sollen. Abhängig von der Quelle liegt der faire Anteil der Schweiz an den internationalen Klimafinanzierungen zwischen 500 und 800 Millionen Franken pro Jahr.[11]

Bei etwaigen Wiedergutmachungsklagen, zum Beispiel weil für eine im Ozean versunkene Insel durch die weltweit größten Emittent:innen Schadensersatz gezahlt werden soll, könnte sich dieser Betrag aber auch noch massiv erhöhen. Verfahren dieser Art gegen den Schweizer Staat laufen bis dato zwar noch keine. Eine Klage der Bewohner:innen der indonesischen Insel Pari gegen den Schweizer Zementkonzern Holcim sorgte jedoch Anfang 2023 für Aufsehen.[12]

Um der Klimakrise die Stirn zu bieten, braucht es also viel Geld, denn der Klimaumbau der Schweizer Infrastruktur, ja der weltweiten Infrastruktur, wird kosten. Das bestätigt Tobias

Schmidt, Professor für Energie- und Technologiepolitik an der ETH Zürich, in einem Videocall.[13] Auf die Frage, ob die Schweizer Industrie genug in den klimaverträglichen Umbau investiere, antwortet er: »Nein, zumindest im Moment noch nicht.« Finanziert vom BFE arbeitet Schmidt zurzeit an einer Studie, die aufzeigen soll, wie sich die Schweizer Industrie von der fossilen Energie befreien kann. Dabei gibt es zwei Probleme: »Es fehlen die Anreize und es gibt regulatorische Unsicherheiten«, so Schmidt. »Wenn ich als Zementkonzern nicht weiß, ob ich in zehn Jahren noch produzieren darf oder nicht, investiere ich nicht in eine teure Anlage, die Jahrzehnte braucht, um sich zu amortisieren.«

Die Schwerindustrie selbst stellte sich gegen finanzielle Anreize

Es war und ist aber gerade die Schwerindustrie, die sich gegen die Einführung von klaren Anreizen stellt. Etwa als in der bereits erwähnten SRF-*Arena* aus dem Jahr 1995 zum Thema »Klimakatastrophe« über eine mögliche CO_2-Abgabe diskutiert wurde.[14] Ursula Renold, die damalige Sprecherin der Schweizerischen Energiestiftung SES, erklärt in der Sendung: »Meiner Meinung nach würde man der Wirtschaft einen Dienst erweisen, wenn man jetzt sofort anfangen würde mit einer langsam aber stetig steigenden CO_2-Abgabe, damit sich die Wirtschaft auch anpassen kann.« Später doppelt sie nach: »Die Wirtschaft braucht diese Anreize und Preissignale, damit sie umstellt.« Ähnlich sieht das der damalige SP-Nationalrat Elmar Ledergerber: »Man muss der Wirtschaft [...] die richtigen Signale geben, damit sie in die richtige Richtung geht.« Heute, fast dreißig Jahre später, fehlen die von der Sozialdemokratischen Partei und der SES bereits damals geforderten Marktsignale in den emissionsintensivsten Branchen noch immer.

Das hat damit zu tun, dass die Vertreter der energieintensiven Industrie keine solchen Anreize wollten. Angesprochen auf eine mögliche CO_2-Abgabe, sagt Rolf Hartl von der Erdölvereinigung in derselben Politsendung: »Wir sind dem gegenüber relativ kritisch eingestellt.« Auch Jacob Schmidheiny von der Zürcher Ziegeleien Holding spricht sich gegen die Einführung einer CO_2-Abgabe aus und ergänzt: »Für uns heißt das, ein Drittel des Profits ist weg.« Dann fehle auch das Geld für Investitionen. Zwar wurde seit der 1995 geführten Diskussion tatsächlich eine wie von Renold geforderte langsam aber stetig steigende CO_2-Abgabe auf fossile Brennstoffe eingeführt. Bezahlen müssen sie auch alle Privathaushalte, aber eben nicht alle Unternehmen. Die Zürcher Ziegeleien, zusammen mit allen anderen energieintensiven Branchen, sind nach wie vor davon befreit. Heute rechnen die Zürcher Ziegeleien unter dem Namen ZZ Wancor ihre Klimakosten im EHS ab, anstatt die teure CO_2-Abgabe zu entrichten. Genügend investiert, um der Klimakrise bestimmt entgegenzutreten, haben die industriellen Großkonzerne trotz erlassener CO_2-Abgabe und geschenkten EHS-Emissionsrechten in den vergangenen dreißig Jahren jedoch nicht.

Leider wissen wir nicht, welchen Einfluss eine CO_2-Abgabe auf die heutigen EHS-Firmen gehabt hätte, wäre sie 2008 effektiv für alle eingeführt worden. Denkbar sind zwei Möglichkeiten: Entweder hätten Schmidheiny und seine Mitstreiter:innen wegen der neuen Klimaabgaben auf einen Teil ihres Profits verzichten müssen, oder die betroffenen Industrieunternehmen hätten es sich wahrhaftig nicht leisten können, die echten Klimakosten ihrer Produktion zu bezahlen und wären möglicherweise ins Ausland abgewandert. Ob man die EHS-Konzerne durch das Erlassen der CO_2-Abgabe und die Schaffung des EHS-Spezialdeals mit CO_2-Emissionen zum Nulltarif nun vor dem Konkurs gerettet oder einfach dafür gesorgt hat, dass sie weiterhin gute Gewinne erzielen, bleibt offen. Einen bitteren Nachgeschmack hinterlassen beide Möglichkeiten: Erstere führt uns vor Augen, wie stark die nationale Politik mit dem Rücken zur Wand steht, wenn es darum geht, international aufgestellte Großkonzerne zu mehr Klimaschutz zu bewegen. Zweitere wirft die Frage nach Gerechtigkeit auf, wenn staatliche Subventionen in Form von Abgabebefreiung, Gratisemissionsrechten und weiterer Sonderbehandlung gerade denen zukommen, die das Klima am stärksten verschmutzen.

Anstatt fossile Dinosaurier mit Subventionen zu bevorteilen, hätten die verantwortlichen Politiker:innen gut daran getan, mit der Schweizer Klimagesetzgebung die Branchen, Firmen und Ideen zu unterstützen, die rentabel wirtschaften können, ohne das Klima an die Wand zu fahren. Immerhin feilt die EU daran, dem europäischen EHS mehr Biss zu verleihen. Was sich womöglich auch für die Schweiz ändern könnte und wie schnell das gehen wird, schauen wir uns im folgenden Kapitel genauer an.

EHS-Zertifikat
EHS-Zertifikat
EHS-Zertifikat

Kapitel 6

Wann endet die »Verschmutzungsparty« zum Nulltarif?

Die EU plant Reformen. Diese könnten das EHS aus der Geiselhaft der globalisierten Industrie befreien und damit eine tatsächliche Dekarbonisierung einleiten. Eine dieser Reformen ist der CO_2-Grenzausgleich in Form einer Zollabgabe. Der Wermutstropfen ist, dieser Klimazoll wird sehr langsam eingeführt werden. Dementsprechend wollen in der neu gestarteten Handelsperiode zuerst einmal weitere Unternehmen vom EHS-Spezialdeal profitieren.

In seiner aktuellen Ausgestaltung hat das Emissionshandelssystem wenig mit Verursacherprinzip oder Gerechtigkeit zu tun. Klar ist auch, dass die Industrie dringend klare finanzielle Signale braucht, um von der fossilen Energieversorgung wegzukommen. Deshalb plant die EU Reformen. Die wirklich einschneidenden Anpassungen lassen aber noch länger auf sich warten. Daher erstaunt es kaum, dass es bezüglich Emissionen und Gratiszertifikaten zu Beginn der neuen EHS-Handelsperiode 2021 bis 2030 immer noch etwa gleich aussieht wie in der vergangenen Handelsperiode: Der Staat verteilt den klimaschädlichsten Konzernen weiterhin in großen Mengen Zertifikate zum Nulltarif.

Das EHS nach 2020: Weitere Entwicklung der Emissionen und Gratiszertifikate

2021 startete die neue EHS-Handelsperiode. Emissionen und Gratiszertifikate blieben vorerst jedoch etwa gleich hoch. Für das Jahr 2022 sind die Emissionszahlen und die Zertifikatszuteilungen noch nicht vollständig bekannt, zeigen aber erneut einen sehr hohen Anteil an Gratiszertifikaten auf.

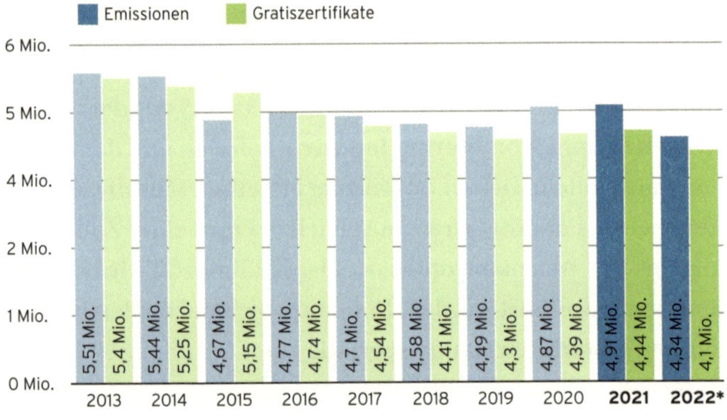

* Zahlen für 2022 noch nicht definitiv. Abgebildet sind die am 10. Dezember 2023 im Emissionshandelsregister aufgeführten Werte.

Eine Einheit entspricht jeweils einer Tonne CO_2-Äquivalente.
Datenquelle: Schweizer Emissionshandelsregister

Sowohl die kostenlos zugeteilte Menge an Emissionsrechten als auch die im EHS registrierten Treibhausgasemissionen waren 2021 in etwa gleich wie 2020. Wie die Zahlen für 2022 aussehen, ist noch nicht abschließend bekannt. Zwar seien die Gratiszuteilungen auf das Jahr 2022 gekürzt worden, lässt uns das Bundesamt für Umwelt auf Anfrage wissen, die endgültigen Zuteilungen und Abgabepflichten stünden bei einigen Firmen aber noch aus. In welchem Umfang die Gratiszuteilungen tatsächlich gesunken sind, lässt sich deshalb noch nicht sagen. Die am 10. Dezember

2023 im Emissionshandelsregister aufgeführten Werte deuten aber darauf hin, dass der Anteil an kostenlos verteilten Emissionsrechten erneut sehr hoch ist.

Ab 2021: Mehr Unternehmen im EHS

Etwas hat sich aber mit dem Start der neuen Handelsperiode verändert, und das ist die Anzahl der Firmen, die ihre Klimakosten über das EHS abrechnen wollen. Waren es Ende 2020 noch 51 Industrieanlagen, sind laut dem Schweizer Emissionshandelsregister ab 2021 95 Anlagen im EHS registriert.[1] Bei den Neuzugängen sind auch bekannte Konzerne wie die Emmi Schweiz AG, die Swiss Krono AG oder die Betreiberin des Kernkraftwerks Gösgen.

Bei diesen drei Unternehmen haben wir nachgefragt, wieso sie auf die neue Handelsperiode hin ins EHS gewechselt haben. Die Molkerei Emmi verweist auf die damals unsichere Gesetzeslage rund um die Abstimmung über das neue CO_2-Gesetz – es wurde dann von der Schweizer Stimmbevölkerung im Juni 2021 abgelehnt –, die ihren Wechsel veranlasst habe.

Die Kernkraftwerk Gösgen-Däniken AG schreibt, dass sie in den vergangenen Jahren die normale CO_2-Lenkungsabgabe auf fossile Brennstoffe bezahlt habe. »Wirtschaftliche Überlegungen haben das Kernkraftwerk Gösgen (KKG) dazu bewogen, nun am Emissionshandelssystem (EHS) teilzunehmen.« Das ist ein Beispiel dafür, dass es ein Privileg ist, die Emissionen über das EHS abrechnen zu können.

Die in der Massenverarbeitung von Holzwerkstoffen tätige Swiss Krono AG lässt uns wissen, dass sie mit dem EHS-Beitritt des Schweizer Werks »analog zu den Werken im EU-Raum agieren« wolle. Denn Swiss Krono betreibt weitere Produktionsanlagen in der EU und möchte allfällige Zertifikate »aus Gruppensicht« handhaben. Es könnte aber noch einen anderen Grund für den Wechsel von Swiss Krono ins EHS geben. Denn während einige Branchen 2021 von der auch in der Schweiz geltenden Carbon-Leakage-Liste der EU gestrichen wurden, kamen ein paar wenige neu hinzu. Eine dieser neuen Industriezweige ist die »Herstellung von Furnieren und Holzwerkstoffen«. Mit dem neuen Status »abwanderungsgefährdet« ist die Teilnahme am EHS für Swiss Krono nun noch lukrativer, als das in der letzten Handelsperiode der Fall gewesen wäre, weil damit noch mehr Gratiszertifikate vom BAFU verknüpft sind.

Auch die Kleinen wollen profitieren

Wenn man sich die Liste der am EHS teilnehmenden Firmen in der aktuellen Handelsperiode anschaut, fällt auf, dass 2021 neben einigen großen und bekannten Namen vor allem viele kleinere Emittenten neu dazugekommen sind. Und tatsächlich, auch für sie ist das ein lohnenswerter Schritt. Ein Beispiel soll dies verdeutlichen. Die in der Produktion und Verarbeitung von Baustoffen tätige AlpiAsfalt AG emittierte 2021 laut Emissionshandelsregister 197 Tonnen Treibhausgase. Das entspricht den Jahresemissionen von über zehn durchschnittlichen Schweizer:innen, aber es ist nur ein Bruchteil dessen, was die wirklich großen Klimaverschmutzer im EHS ausstoßen. Als Firma mit relativ geringen Emissionswerten rechnet AlpiAsfalt ihre Klimakosten neu also freiwillig im EHS ab.

Über die CO_2-Abgabe hätte das Unternehmen 2021 für seine Treibhausgasemissionen ungefähr 23 000 Franken bezahlen müssen. Durch die Teilnahme am EHS konnte sich AlpiAsfalt diese Kosten sparen. Darüber hinaus erhielt sie Gratiszertifikate für 273 Tonnen Treibhausgase zugeteilt – also mehr, als für die eigene Klimaverschmutzung benötigt wurden. Würde AlpiAsfalt die überschüssigen 76 Zertifikate verkaufen, könnte das Unternehmen bei einem Zertifikatspreis von 80 Franken (Stand 25. Januar 2023) rund 6000 Franken Gewinn machen.

Anstatt mit einem Minus von 23 000 Franken schloss AlpiAsfalt 2021 seine finanzielle Klimabilanz also mit einem potenziellen Plus von 6000 Franken ab. Verglichen mit den Einsparungen und den potenziellen Gewinnen etwa von Lonza, Roche, Holcim oder BASF (vgl. Kapitel 4) ist das natürlich wenig, und doch macht auch AlpiAsfalt jetzt dort Geld, wo andere bezahlen müssen.

Konzerne reichen CO_2-Zuschläge weiter

Es gibt noch eine weitere Neuentwicklung. Seit Beginn der aktuellen Handelsperiode reichen einige EHS-Konzerne mit Bezug auf die Kosten im EHS CO_2-Zuschläge an ihre Kundschaft weiter. Die Jura-Cement-Fabriken schreiben auf ihrer Webseite beispielsweise: »Jura Cement hat Anfang 2021 einen Zuschlag eingeführt, der sich an der Preisentwicklung der CO_2-Zertifikate orientiert und unseren Zementkunden berechnet wird.«[2] Sie begründen den neuen Zuschlag folgendermaßen: »Dies war und ist notwendig, weil die massiven Kostensteigerungen nicht alleine durch Verbesserungen in unseren Prozessen bzw. unserem Produktportfolio kompensiert werden können.« Seit Ende 2020 habe sich der Preis für CO_2-Zertifikate laut den Angaben auf der Webseite von Jura Cement mehr als verdoppelt. Auf Anfrage schreibt uns die Kommunikationsverantwortliche: »Heute ist der Zuschlag in den meisten Branchen etabliert [...].« Tatsächlich finden sich auch auf den Preislisten anderer Zementhersteller CO_2-Zuschläge.[3]

Diese Entwicklung lässt aufhorchen. Es scheint den EHS-Firmen nicht zu genügen, dass sie im EHS bereits viel günstigere Bedingungen für ihre Emissionen haben als die allermeisten anderen Schweizer Firmen und alle Privathaushalte. Offensichtlich wollen sie auch die im EHS sehr bescheiden ausfallenden Klimakosten nicht selbst tragen. Dazu kommt, dass nicht wenige EHS-Firmen zumindest für die ersten Jahre der neuen Handelsperiode noch genügend Emissionsrechte auf Vorrat haben dürften und entsprechend von den steigenden Zertifikatspreisen vorerst gar nicht betroffen sind.

Wir haben beim BAFU nachgefragt, ob es legitim sei, Kosten weiterzureichen, die man selbst unter Umständen gar nicht bezahlen musste, und wie man die Kommunikation der Zementkonzerne bezüglich Lauterkeit beurteile. Die Antwort: »Die Unternehmen sind frei in ihrer Preisgestaltung. Zu Ihren Fragen äussern wir uns nicht.« Als Reaktion auf eine Recherche des Onlinemagazins *das Lamm* schaut sich der Preisüberwacher das Ganze nun aber genauer an.[4]

Die Zahlen vom BAFU zeigen: Das System ist am Ende

Dass das System EHS in seiner jetzigen Ausgestaltung an Grenzen stößt, belegen die Zahlen des BAFU.[5] Zählt man die Emissionsrechte zusammen, die das BAFU gemäß den in der CO_2-Verordnung festgehaltenen Regeln an die verschiedenen EHS-Konzerne verschenken müsste, zeigt sich: Es sind zu viele.

Die Gesamtmenge der berechneten Gratiszuteilungen war in jedem Jahr der vergangenen Handelsperiode höher als die Menge an Zertifikaten, die laut Cap maximal vom Staat an die Firmen herausgegeben werden durften. Hätte man tatsächlich so viele Emissionsrechte verschenkt, wie das System eigentlich vorsieht, wäre die Summe dieser Gratiszuteilungen höher als 95 Prozent des Caps gewesen und es wären schlichtweg keine Zertifikate übrig geblieben für neue Marktteilnehmer oder für Versteigerungen.

Deshalb wurden die Gratiszuteilungen in jedem Jahr der letzten Handelsperiode und auch 2021 zusätzlich mit einem sektorübergreifenden Korrekturfaktor (vgl. Einleitung S. 28) nach unten angepasst. Zwar musste in den Jahren 2022 und 2023 ausnahmsweise kein Korrekturfaktor eingesetzt werden, aber ab 2024 übersteigt die berechnete Menge Gratiszuteilungen laut BAFU den 95-Prozent-Cap bereits erneut. Der Grund ist der: Während der Cap auf einem immer steileren Reduktionspfad sinkt, nehmen die Gratiszuteilungen vergleichsweise wenig ab, da die meisten EHS-Firmen wegen ihres Carbon-Leakage-Status den Anpassungsfaktor 1 haben. Das gilt nicht nur für die Situation in der Schweiz, sondern auch für die EU.[6] Mit den aktuellen Regeln scheint das EHS offensichtlich am Ende seiner Funktionalität angekommen zu sein.

Daran kann auch der in der Schweiz 2022 eingeführte Marktstabilisierungsmechanismus nichts ändern. Mit ihm sollen die extra großzügigen Zuteilungen, aber auch die Flutung des Marktes mit Emissionsrechten aufgrund von schlecht durchdachten gesetzlichen Grundlagen – wie im Fall Tamoil – aus der vergangenen Handelsperiode ausgeglichen werden. Durch den Mechanismus wird sich in Zukunft die Versteigerungsmasse halbieren, falls zu viele Emissionsrechte auf dem Markt verfügbar sind. Er setzt also nicht bei der Zuteilung von Gratisemissionsrechten an, sondern bei den Emissionsrechten, die versteigert werden. In Zahlen heißt das Folgendes: Aufgrund des Marktstabilisierungsmechanismus gab das BAFU 2022 anstelle von 460 000 Emissionszertifikaten nur 230 000 Zertifikate für den Verkauf frei, während über 4 Millionen gratis zugeteilt wurden.[7]

Wegen der großzügigen Zuteilung von Gratisemissionsrechten bleibt so oder so nur ein sehr kleiner Teil für die Versteigerungen übrig. Die Halbierung dieser Versteigerungsmasse hat entsprechend nur einen beschränkten Einfluss auf die am Markt verfügbare Menge an Emissionsrechten. Doch um den Preis pro Tonne CO_2 zu stabilisieren oder gar zu erhöhen, wäre eine Reduktion der verfügbaren Emissionsrechte an sich zentral. Denn erst wenn die Tonne CO_2 über das EHS mehr kostet als die Vermeidung der Emissionen, wird die Umsetzung von Klimaschutzmaßnahmen wirtschaftlich rentabel. Setzt man hierfür allein bei der Versteigerungsmasse an, fällt der Reduktionseffekt bescheiden aus. Wenn bei einem Bezahlsystem 90 bis 95 Prozent der Ware kostenlos über den Tresen wandert, sollte man aber ganz grundsätzlich über die Funktionalität dieses Bezahlsystems nachdenken, statt nur ein wenig nachzubessern.

Auch die EU kennt neuerdings einen Mechanismus, der die Versteigerungsmenge kürzen soll. Diese sogenannte europäische Marktstabilitätsreserve[8] ist ähnlich, aber nicht identisch aufgebaut wie der schweizerische Marktstabilisierungsmechanismus. Da das europäische EHS und das Schweizer EHS seit 2020 miteinander verknüpft sind, erstaunt es, dass die beiden Mechanismen nicht gleich sind. Deshalb haben wir beim BAFU nachgefragt.

Der Unterschied zwischen den beiden Systemen sei möglich, weil das Schweizer Emissionshandelssystem und das europäische Emissionshandelssystem auf zwei eigenständigen Rechtsgrundlagen basierten, schreibt das BAFU. Das Abkommen, das die beiden EHS verknüpft[9], stelle lediglich sicher, dass »wesentliche Kriterien« eingehalten werden, um die Gleichstellung der Teilnehmer und die Sicherheit der Systeme zu gewährleisten. Die Kriterien müssten jedoch nicht in beiden Systemen exakt gleich umgesetzt werden.

Es besteht also kein Automatismus, mit welchem Veränderungen im europäischen EHS direkt auch im Schweizer System umgesetzt werden. Gerade bei den aktuellsten Diskussionen rund um die Weiterentwicklung des europäischen Emissionshandelssystems wird diese Tatsache für die Schweiz eine zentrale Rolle spielen.

Die EU geht voran

Auch in der EU kommt das System mit der Verteilung von Gratisemissionsrechten als Präventionsmaßnahme gegen Carbon Leakage an seine Grenzen. Auch hier werden bald nicht mehr genug Emissionsrechte zur Verfügung stehen, um die Gratisverteilungen wie bis anhin aufrechtzuerhalten. Die Gründe sind dieselben wie in der Schweiz: Einerseits soll die gesamthaft zur Verfügung stehende Menge an Zertifikaten, also der Cap, jährlich immer mehr sinken, während andererseits die Anzahl der gemäß geltenden Regeln berechneten Gratiszuteilungen eigentlich zu hoch ist.

In der EU wird es deshalb zusätzlich zur Marktstabilitätsreserve eine weitere Korrektur in Form einer einmaligen Löschung von Emissionsrechten geben, um die großzügige Verteilung von Gratisemissionsrechten in der Vergangenheit etwas auszubügeln.[10] Weil aber auch diese Maßnahme wenig mehr ist als reine »Pflasterpolitik« und weil für eine tiefgreifende Dekarbonisierung endlich die erforderlichen Preissignale ausgelöst werden müssen, sollen die Gratisemissionsrechte ganz fallen.

Michael Bloss, klimapolitischer Sprecher der deutschen Grünen und Verhandlungsführer für die Grüne Partei im EU-Parlament, schreibt auf seiner Webseite: »Die kostenlose Verschmutzungsparty hat ein Ende [...]. Bis 2030 werden die kostenlosen Emissionszertifikate fast halbiert und bis 2034 komplett gestrichen.«[11] Der Name des Partykillers: CO_2-Grenzausgleich.

Der CO_2-Grenzausgleich – auch Carbon Border Adjustment Mechanism (CBAM) genannt – soll die Gratisemissionsrechte als Präventionsmaßnahme gegen Carbon Leakage ablösen und damit mehr Freiraum schaffen, um auch international aufgestellte Großemittenten angemessen zur Kasse zu bitten. Er ist zusammen mit weiteren Elementen, zum Beispiel der Schaffung eines zweiten Emissionshandelssystems für Gebäude oder den

Straßenverkehr, Teil des bereits erwähnten »Fit-for-55-Pakets«. Darin wird unter anderem der europäische Emissionshandel neu ausgerichtet auf das europäische Klimaschutzziel, die Treibhausgasemissionen bis 2030 um mindestens 55 Prozent gegenüber 1990 zu mindern.[12] In Kapitel 2 haben wir anhand des Carbon-Leakage-Problems gesehen, dass in Sachen Klimaschutz die europäische und die Schweizer Klimagesetzgebungen bis zu einem gewissen Grad in der Geiselhaft der globalisierten Großindustrie sind. Würde man die Schraube bei der Bepreisung der Treibhausgase anziehen und den Großkonzernen einfach weniger Emissionsrechte umsonst geben, wäre zu befürchten, dass sich die Nachfrage oder die emissionsintensive Produktion selbst ins Ausland verlagert. Die Abwanderung von Emissionen anderswohin kann aber nicht im Sinne des Klimaschutzes sein.

Der CO_2-Grenzausgleich soll die europäische Klimagesetzgebung nun aus diesem Dilemma befreien. Die Hoffnung ist, dass dadurch die Abwanderung der Emissionen verhindert und gleichzeitig die Klimaverschmutzung adäquat bepreist wird. Der CO_2-Grenzausgleich ist eine Art Klimazoll auf Treibhausgasemissionen. Wer in Zukunft sehr emissionsintensive Güter wie Stahl, Alu oder Zement in die EU einführen will, soll ab 2026 draufzahlen. Der Aufschlag, den beispielsweise ein Stahlwerk in der Türkei für den Import des Stahls in die EU dann entrichten muss, soll dabei den CO_2-Kosten entsprechen, die bei einer Stahlproduktion auf EU-Boden via EHS angefallen wären. Dadurch will die EU für alle Konzerne, die im EU-Raum ihre Ware anbieten, die Wettbewerbsbedingungen angleichen – egal wo die Ware produziert wurde. Mit einem solchen Klimazoll kommt es kostenmäßig nicht mehr darauf an, ob die Emissionen innerhalb oder außerhalb der EU anfallen. Denn die Klimakosten müssten spätestens beim Import der Ware sowieso bezahlt werden. Ausgenommen vom CO_2-Grenzausgleich sind Nicht-EU-Länder dann, wenn sie mit dem europäischen Emissionshandelssystem verknüpft sind, wie dies bei der Schweiz der Fall ist.[13]

Während also ein Klimazoll Wettbewerbsgleichheit erreichen möchte, indem alle gleich viel bezahlen müssen, verhindern die Gratisemissionsrechte Carbon Leakage momentan dadurch, dass alle gleich wenig bezahlen. Grundsätzlich würde ein CO_2-Grenzausgleich also denselben Effekt erzielen wie die Gratiszertifikate. Auch er würde zwischen der Industrie inner- und außerhalb der EU für gleich lange Spieße sorgen, einfach unter anderem Vorzeichen. Folglich könnten die EU und auch die Schweiz mit einem solchen Klimazoll den Industriekonzernen endlich die von ihnen verursachten CO_2-Emissionen in Rechnung stellen, ohne befürchten zu müssen, dass die Treibhausgase zusammen mit der Wertschöpfung und den Arbeitsplätzen ins Ausland abwandern, denn ein solches Abwandern würde sich dann gar nicht mehr lohnen.

Auch wenn die Idee eines solchen Klimazolls ziemlich revolutionär klingt, neu ist sie nicht. Die sozialdemokratische Partei der Schweiz (SP) lancierte bereits 1995 unter dem Namen Energie-Umwelt-Initiative eine Volksinitiative, die eine ähnlich konstruierte Abgabe auf Energie einführen wollte. Die SP zog die Initiative damals zugunsten eines direkten Gegenvorschlags des Parlaments zurück. Dieser scheiterte an der Urne.

Gamechanger CO_2-Grenzausgleich: Die Expert:innen sind sich einig

Für den Wirtschaftswissenschaftler Michael Pahle vom Potsdam-Institut für Klimafolgenforschung ist der CO_2-Grenzausgleich alternativlos. »Wenn ich Vorträge darüber mache, dann sage ich immer: Keiner will es, aber man kommt nicht daran vorbei. Denn die freien Zuteilungen müssen zwangsläufig weg, wenn der Cap immer enger wird«, so Pahle im Zoom-Interview.[14]

Eine Frage ist allerdings bis heute ungeklärt. Sind diese Klimazölle überhaupt konform mit den Richtlinien der Welthandelsorganisation (WTO)? »Ob der CO_2-Grenzausgleich zu internationalen Handelskonflikten führen wird oder nicht, wird sich erst noch zeigen müssen«, meint Pahle dazu. Auf jeden Fall bestehe unter den Expert:innen Einigkeit darüber, dass die Einführung des CO_2-Grenzausgleichs eng von der internationalen Klimadiplomatie begleitet werden müsse. »Im besten Fall ist der CO_2-Grenzausgleich dann ein Türöffner, um verstärkt auf internationaler Ebene zusammenzuarbeiten, wenn auch ein eher brachialer.«

Die Klimaökonomin und Expertin für umweltpolitische Instrumente am Kiel Institut für Weltwirtschaft, Sonja Peterson, betont die praktischen Probleme in Bezug auf die Einführung eines CO_2-Grenzausgleichs. »Wie geht man mit Zwischenprodukten um? Für welche Branchen soll der CO_2-Grenzausgleich eingeführt werden?«, sagt sie in unserem Zoomgespräch.[15] Trotz dieser Unsicherheiten sei es aber eine gute Idee, den CO_2-Grenzausgleich einem Praxistest zu unterziehen und die Gratisemissionsrechte als Prävention gegen Carbon Leakage herunterzufahren.

Das sieht auch die Energieökonomin Johanna Bocklet so, die wir ebenfalls über Zoom interviewt haben.[16] Der CO_2-Grenzausgleich sei die sinnvollere Variante als die Gratisemissionsrechte, um für Konzerne innerhalb und außerhalb von Europa gleiche Wettbewerbsbedingungen zu erreichen. Denn mit dem CO_2-Grenzausgleich hätte die EU auch eine Lenkungswirkung auf Nicht-EU-Länder, sagt Bocklet. Die Länder außerhalb der EU, die auf ihre Emissionen bereits einen CO_2-Preis erheben, könnten diesen bei Importen in die EU nämlich beim europäischen CO_2-Grenzausgleich anrechnen. Dementsprechend würde es sich für sie eher lohnen, die Treibhausgase bereits im Inland zu besteuern. »Zudem könnten die Staaten das Geld, das die Unternehmen dann neu für die Zertifikate bezahlen müssten, sinnvoll für die Dekarbonisierung einsetzen.«

Um ein reiches und hoch industrialisiertes Land wie etwa die USA auf diesem Weg zu mehr Klimaschutz zu bewegen, scheint der CO_2-Grenzausgleich ein gerechtes Instrument zu sein. Für andere Länder wird der Klimazoll aber schwerwiegende und bezüglich Fairness fragwürdige Konsequenzen haben. Denn auch kleinere und ärmere Staaten, die unter dem Strich nichts zur heutigen Klimakrise beigetragen haben, müssten diese CO_2-Ausgleichszahlungen leisten, wenn sie emissionsintensive Produkte in die EU importieren.

Ein Beispiel ist Mosambik. Das Land im südöstlichen Afrika hatte inklusive aller dort ansässigen Schwerindustrie nie höhere Emissionen als eine halbe Tonne pro Person und Jahr.[17] Zum Vergleich ziehen wir das bereits in Kapitel 1 verwendete Beispiel heran: Eine in der Schweiz wohnhafte Person verursachte 2020 mit ihrem Konsum im Schnitt 12 Tonnen pro Jahr.[18] Ein wichtiger Einkommensfaktor in Mosambik ist der Export von Aluminium nach Europa. Der europäische CO_2-Grenzausgleich könnte für Mosambiks Aluminiumexporte Mehrausgaben von mehreren hundert Millionen Euro bedeuten und nach Berechnungen des Internationalen Währungsfonds (IWF) zu einem Rückgang des Bruttoinlandprodukts um 2,5 Prozent führen.[19] Natürlich verursachen auch die Aluminiumwerke in Mosambik Unmengen an Treibhausgasen. Doch selbst mit diesen Großemittenten ist der Pro-Kopf-Ausstoß in Mosambik nie so stark angewachsen, dass es für das Weltklima problematisch wäre. Es haben also weder die mosambikanische Wirtschaft noch die Bevölkerung die Schuld an der heutigen Klimamisere. Mit dem neuen CO_2-Zoll wären es aber sie, die nun dafür bezahlen müssen.

Das Ende der Gratisverschmutzung wird auf sich warten lassen

Bis der CO_2-Grenzausgleich – oder CBAM – die Gratisemissionsrechte vollständig ablösen wird, werden noch unzählige Tonnen CO_2 die Atmosphäre verschmutzen. Zwar hat die EU das CO_2-Grenzausgleichssystem bereits am 1. Oktober 2023 eingeführt. Es wird aber zunächst nur auf den Import von Waren aus den Sektoren Eisen und Stahl, Aluminium, Zement, Dünger, Wasserstoff sowie Elektrizität angewendet.[20] Nicht betroffen bleiben vorläufig zum Beispiel die Papier- und Kartonproduktion, die Zuckerherstellung, die Holzverarbeitung, die Milchindustrie, aber auch die Chemieindustrie, eine der wichtigsten Emittentinnen in der Schweiz. Bis 2026 will die EU entscheiden, ob der Anwendungsbereich des Klimazolls später auf weitere Waren, die mit einem Risiko der Emissionsverlagerung behaftet sind, ausgeweitet werden soll.[21]

Zudem wird der CO_2-Grenzausgleich für die vorbestimmten CBAM-Waren in der EU zuerst mit einem Überganszeitraum ohne finanzielle Verpflichtungen bis Ende 2025 beginnen, in dem vorerst lediglich die künftig benötigten Handelsdaten erfasst werden müssen. Ab 2026 wird der Klimazoll dann sehr langsam schrittweise gesteigert und erst 2034 voll umgesetzt sein.[22] Und weil die Steigerung der Abgabepflicht im Rahmen des CBAM im Gleichschritt mit der Reduktion der Gratiszuteilungen geschieht, wird es auch fast ein Jahrzehnt dauern, bis die kostenlosen Emissionsrechte an die europäischen EHS-Firmen in den CBAM-Sektoren ganz wegfallen (vgl. folgende Grafik).

Ab 2026 müssen die Importeure der betroffenen Branchen sogenannte CBAM-Zertifikate erwerben und abgeben, wenn sie ihre Ware in die EU einführen wollen. Der Preis dieser CBAM-Zertifikate wird jeweils auf dem durchschnittlichen Auktionspreis im

Schrittweise Reduzierung der Gratiszertifikate bei gleichzeitiger Steigerung der CBAM-Abgabepflicht in der EU ab 2026

Die steigenden Prozentangaben beziehen sich auf zwei Dinge gleichzeitig: einerseits auf den Anteil, um den die Gratisemissionsrechte im Verhältnis zur jährlich berechneten Zuteilungsmenge bei den EHS-Firmen aus den CBAM-Sektoren gekürzt werden, andererseits auf den Anteil der Emissionen, für welchen die CBAM-Sektoren künftig beim Import ihrer Ware in die EU aufgrund des CO_2-Grenzausgleichs CBAM-Zertifikate vorweisen müssen.

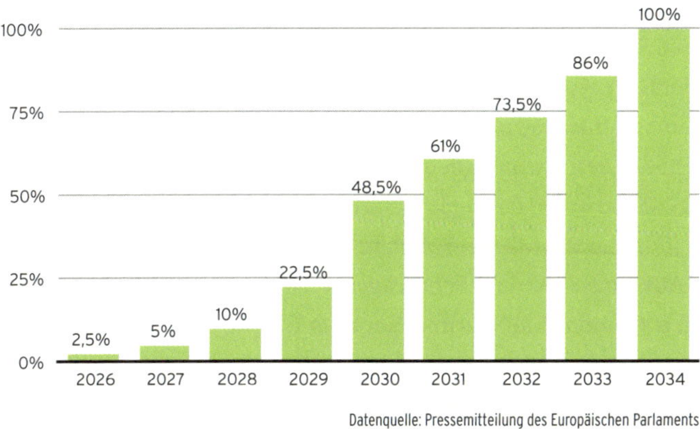

Datenquelle: Pressemitteilung des Europäischen Parlaments

europäischen EHS in der Vorwoche basieren. Wie erwähnt, wird die Verpflichtung zur Abgabe von CBAM-Zertifikaten schrittweise in dem Maße ansteigen, wie die kostenlose Zuteilung an die Produktionsfirmen innerhalb der EU verringert wird.

Am besten erklärt man das an einem konkreten Beispiel. 2026 wird ein Stahlwerk, das in der EU produziert, 2,5 Prozent weniger Gratiszuteilungen erhalten, als es mit der bislang üblichen Berechnungsmethode erhalten hätte. Gleichzeitig müssen Firmen, die Stahl von außerhalb der EU importieren wollen, für 2,5 Prozent der bei der Produktion angefallenen Emissionen CBAM-Zertifikate kaufen und abgeben. 2027 werden es dann 5 Prozent sein, 2028 10 Prozent. Bis 2034 soll die kostenlose Zuteilung von

Emissionsrechten für CBAM-Waren vollständig eingestellt werden und Importeure müssen für 100 Prozent der bei der ausländischen Produktion anfallenden Emissionen CBAM-Zertifikate vorweisen.

Die Einführung des CBAM ist also im doppelten Sinn verlangsamt. Erstens, weil vorläufig noch nicht alle EHS-Branchen davon erfasst sind. Zweitens, weil die Umstellung von Gratisemissionsrechten zu Klimazoll vor allem in den ersten Jahren in sehr kleinen Schritten passieren wird. 2030 wird gerade einmal die Hälfte der Gratiszuteilungen verschwunden sein. Und erst 2034 wird die Verschmutzungsparty zum Nulltarif für die emissionsintensivsten Konzerne womöglich tatsächlich ein Ende finden.

Diese Verzögerung kritisiert auch die Nichtregierungsorganisation Carbon Market Watch in einem Beitrag auf ihrer Webseite: »Aus Angst vor dem Schreckgespenst der angeblichen zukünftigen Deindustrialisierung Europas haben die politischen Entscheidungsträger ihren fehlgeleiteten Ansatz fortgesetzt, die Schwerindustrie vom Haken zu lassen.«[23] Der Klimazoll gehe in die richtige Richtung. Allerdings würden auch mit dem reformierten EU-Emissionshandelssystem umweltverschmutzende Industrien weiterhin noch für Jahre mit Zuschüssen überhäuft, während die Haushalte und Steuerzahler:innen die Rechnung bezahlen müssten, so Carbon Market Watch weiter. Unter der Oberfläche sei das EHS ein zutiefst ungerechtes und letztlich unwirksames System.

Vorerst kein Klimazoll für die Schweiz: Das ist mutig und mutlos zugleich

Und was sagt man in Bern zur Idee eines Klimazolls? Der Bundesrat will beim europäischen CO_2-Grenzausgleich nicht mitmachen. Dies gab er Mitte Juni 2023 per Medienmitteilung bekannt.[24] Um jedoch die Zusammenarbeit im Rahmen des Emissionshandelssystems nicht zu gefährden, werden die Gratiszertifikate für die Sektoren, die in der EU unter den Klimazoll fallen, auch in der Schweiz im Gleichschritt heruntergefahren. Ohne gleichzeitige Einführung eines Klimazolls fehlen damit in der Schweiz in den betroffenen Sektoren künftig zumindest teilweise die Präventionsmaßnahmen gegen Carbon Leakage.

Damit stellt sich der Bundesrat gegen die Interessen von ein paar wenigen Schweizer Großkonzernen. Diese hatten sich nämlich erhofft, auch der Bundesrat würde einen schützenden Klimazoll einführen, um die inländische Produktion der EHS-Firmen vor der außereuropäischen Konkurrenz zu schützen. In vielen Ländern gibt es nach wie vor gar keine Systeme zur Bepreisung von CO_2-Emissionen, was den dort ansässigen Unternehmen international einen Vorteil verschafft. Während die Gratisemissionsrechte also auch in der Schweiz für die betroffenen CBAM-Sektoren reduziert werden sollen, wird man hierzulande bis auf Weiteres auf die Einführung eines Klimazolls als neue Schutzmaßnahme gegen Carbon Leakage verzichten.

Dagegen wehren sich diejenigen Konzerne, bei denen in Zukunft weniger Gratisemissionsrechte landen sollen. Viele sind das jedoch nicht. In der Schweiz sind es lediglich sieben Konzerne mit zwölf Produktionsstandorten, die sowohl im EHS sind, als auch vom Klimazoll profitieren würden. Aus der Zementbranche sind das Holcim, die Jura-Cement-Fabriken und Ciments Vigier. Aus der Stahlverarbeitung sind es die Firmen Steeltec und Stahl Gerlafingen, und aus der Aluminiumbranche Constellium Valais und Novelis. Die anderen CBAM-Sektoren – Elektrizität, Dünger, Wasserstoff – betreffen die Schweiz insofern nicht, als es abgesehen von den neuen Notkraftwerken in der Schweiz keine fossile Stromproduktion gibt (vgl. auch Kapitel 2 S. 79), die Schweizer Unternehmen aus der Düngerproduktion nicht am EHS teilnehmen, und der Handel mit Wasserstoff bis jetzt praktisch inexistent ist.[25]

Weil aber der Klimazoll zunächst sowieso nur für eine Handvoll Sektoren eingeführt wird, bleiben einige der größten Schweizer Klimaverschmutzer von den geplanten Verschärfungen vorerst gänzlich verschont. Die in der Schweiz gut vertretene Chemie- und Pharmabranche, und damit beispielsweise auch eine der größten Schweizer Emittentinnen, die Lonza AG, wird weiterhin die volle Anzahl an Gratiszertifikaten bekommen.

Doch auch die sieben Konzerne, die in der Schweiz ab 2026 weniger Gratisemissionsrechte erhalten sollen und sich dementsprechend einen Klimazoll wünschen, bringen zusammen stattliche Emissionswerte auf die Waage. Sie verursachen gemeinsam 6 Prozent der gesamten Inlandemissionen der Schweiz, obwohl sie nur 0,6 Prozent der inländischen Arbeitsplätze stellen und weniger als 1 Prozent zur Schweizer Wertschöpfung beitragen.[26] Das hält sie jedoch nicht davon ab, vermeintlich im Namen des Klimaschutzes vom Bund mehr Engagement für einen CO_2-Grenzausgleich zu fordern.

»Statt Konsequenz beim Klimaschutz erwartet die betroffenen Industrien nun Ungewissheit und ungleiche Wettbewerbsbedingungen mit dem Ausland – zu Lasten der Umwelt«, schreibt zum Beispiel cemsuisse, der Interessenverband der Schweizerischen Zementindustrie, in einer Medienmitteilung.[27] Die zentrale Forderung der Zementbranche sind gleiche Wettbewerbsbedingungen: »Es geht nicht an, klimapolitische Verschärfungen via Anpassungen im EHS vorzunehmen, ohne gleichzeitig entstehende Wettbewerbsverzerrungen für Schweizer Unternehmen zu korrigieren.« Schweizer Unternehmen benötigten gleich lange Spieße wie ihre Konkurrenz im Ausland, schreibt cemsuisse weiter.

Was der Dachverband dabei nicht erwähnt, und was im Verlauf der vorangehenden Kapitel in diesem Buch klar geworden sein dürfte: Es ist gerade die Zementbranche, die hinsichtlich ihrer CO_2-Kosten zusammen mit weiteren Branchen der Schwerindustrie im Moment weitaus günstiger dasteht als die meisten Schweizer Unternehmen. Denn im Emissionshandelssystem erhalten sie nicht nur einen Großteil der Emissionsberechtigungen umsonst, sondern sind auch von der CO_2-Lenkungsabgabe von aktuell 120 Franken befreit, die fast alle Firmen und alle Privathaushalte pro Treibhausgastonne aus fossilen Brennstoffen in der Schweiz bezahlen müssen.

Holcim beispielsweise, der größte Zementhersteller der Schweiz, bezahlte diese Abgabe also nicht, profitierte im EHS durch die Carbon-Leakage-Prävention von großzügigen Gratiszertifikaten, sparte damit von 2013 bis 2020 Millionen ein und hat mit den Emissionsrechten in Reserve am Ende gar ein potenzielles Plus. Ähnlich sehen die Zahlen bei den anderen sechs Konzernen aus, bei denen künftig Gratisemissionsrechte wegfallen werden, ohne dass ein schützender Klimazoll für sie hochgezogen wird. Wer im Glashaus sitzt, sollte nicht mit Steinen werfen. Oder anders: Wer gleich lange Spieße für alle fordert, sollte auch bereit sein, den eigenen Spieß zu kürzen, falls der zu lang sein sollte.

Sich nun aber einfach zu denken, »recht ist es, sollen die großen Verschmutzer auch mal bezahlen«, würde der Komplexität der internationalen Klimapolitik nicht gerecht. Zudem entspringt das bundesrätliche Nein zum CO_2-Grenzausgleich kaum dem Wunsch, ein paar Schweizer Großkonzernen zu schaden. Laut dem erklärenden Bericht der Landesregierung führten drei andere Punkte zu dieser Entscheidung.[28]

Erstens: Der vorgesehene EU-Klimazoll ist der erste seiner Art. Die Detailausgestaltung ist genauso offen wie die Frage, ob ein Klimazoll mit den Regeln der WTO vereinbar ist. Zentral hierbei wird sein, was mit den zusätzlichen Einnahmen geschieht – ob sie der EU selbst zukommen sollen oder ob sie beispielsweise über die Finanzierung von Klimaanpassungsmaßnahmen in Länder des Globalen Südens fließen, um dort die Menschen dabei zu unterstützen, mit einem Problem fertigzuwerden, das sie selbst nicht verursacht haben. Der Schweizer Landesregierung sind das zu viele Ungewissheiten.

Zweitens: Der EU-Klimazoll wird Vollzugkosten mit sich bringen. Diese könnten laut Berechnungen des Beratungsbüros Ecoplan im Auftrag des Staatssekretariats für Wirtschaft SECO jährlich von 6,3 bis 17,4 Millionen Franken betragen.[29] Das ist zwar nicht nichts, aber im Vergleich zum Wert der bisher jährlich verschenkten Gratisemissionsrechte wäre das ein kleiner Betrag.

Drittens: Von einem Schweizer Klimazoll wären neben den sieben oben genannten in der Schweiz ansässigen EHS-Konzerne auch alle Schweizer Firmen betroffen, die außerhalb der EU Zement, Stahl und Aluminium einkaufen. Für sie würden sich diese Produkte verteuern, weil die Stahlfabrik in der Türkei, um beim bereits gegebenen Beispiel zu bleiben, zumindest einen Teil des Klimazolls an die Kundschaft weiterreichen dürfte. Das Nein vom Bundesrat zu einem Klimazoll ist also nicht nur eine Entscheidung gegen die Interessen einiger Großkonzerne, sondern auch eine für die Interessen der verarbeitenden KMUs.

Der eigentliche Grund, weshalb der Bund auf die Einführung des Klimazolls vorläufig verzichtet, ist vermutlich aber noch viel simpler: weil er es kann. Wegen des wenig ambitionierten Starts des CO_2-Grenzausgleichs in der EU werden die Auswirkungen, sprich die Carbon-Leakage-Effekte, auf die Schweizer Schwerindustrie noch ein wenig auf sich warten lassen. 2026 werden erst 2,5 Prozent der nach der bislang üblichen Berechnungsmethode zugeteilten Gratisemissionsrechte wegfallen. 2027 werden es 5 Prozent sein. Und auch 2028 werden die Gratiszuteilungen erst um 10 Prozent reduziert worden sein. Holcim und Co. werden dann also noch immer von 90 Prozent der Gratisemissionsrechte profitieren. Das verschafft dem Bund Zeit, um zu beobachten, wie sich die Situation mit dem EU-Klimazoll genau entwickeln wird.

Das ist im Endeffekt eine mutlose Positionierung. Ein Klimazoll ergibt aus Sicht der internationalen Klimapolitik durchaus Sinn, wie wir in diesem Kapitel erläutert haben. Denn er wird seine Wirkung über die EU hinaus entfalten. CO_2-Kosten, die bereits im Herkunftsland anfallen, können vom EU-Klimazoll abgezogen werden. Das verstärkt für Länder außerhalb der EU den Anreiz, selbst einen CO_2-Preis einzuführen. Außerdem kann die EU, aber auch die Schweiz, nur mit einem Klimazoll die größten Treibhausgasschleudern endlich angemessen zur Bezahlung der von ihnen verursachten Emissionen verpflichten, ohne das Schreckgespenst Carbon Leakage fürchten zu müssen.

Fehlende Reduktionen, verpuffte CO_2-Abgaben in Milliardenhöhe, verschenkte Emissionsrechte, gewinnbringende Zertifikatsverkäufe: Das EHS scheint weder wirkungsvoll noch gerecht zu sein. Gehört dieses Klimaschutzinstrument deshalb abgeschafft?

Kapitel 7

Braucht es das Emissionshandelssystem?

Wer heute in der Schweiz Emissionen verursacht, der zahlt. Nur zahlen nicht alle gleich viel. Gerade die größten Klimaverschmutzer mussten ihre Emissionen bis jetzt so gut wie nicht berappen. Das EHS hat neben der fehlenden Wirksamkeit also auch ein Gerechtigkeitsdefizit. Die Kritik am System des Emissionshandels geht aber noch weiter. Und die Möglichkeiten der politischen Schweiz, sich aus der Zwickmühle zu befreien, sind eingeschränkt. Gehört das EHS abgeschafft? Eine Einordnung.

Erlassene CO_2-Abgaben in Milliardenhöhe und Emissionsrechte in Reserve im Wert von 361 Millionen – das kann doch nicht sein! Und doch: Das Emissionshandelssystem mit all seinen Vorteilen für die größten Klimasünder ist ganz normale Klimapolitik. Das ist der eigentliche Skandal. Bis anhin schützte das als Klimaschutzinstrument gedachte EHS nicht das Klima, sondern vor allem die fossil aufgestellten Konzerne. Ist es da nicht gerade das EHS selbst, das den dringend notwendigen Wandel blockiert? Gehört das EHS reformiert, ersetzt oder gar abgeschafft?

Weder Ablasshandel noch Marktversagen

Das Emissionshandelssystem wird oft als Ablasshandel kritisiert. Es sei unmoralisch, sich durch den Erwerb von Emissionsrechten von der Verantwortung für eine klimastabile Zukunft freikaufen zu wollen. Allerdings greift diese Kritik zu kurz. Denn bei einem Ablasshandel müsste man immerhin kräftig in die Taschen greifen, wenn man die Umwelt schädigt. Im EHS werden jedoch 90 bis 95 Prozent der total zur Verfügung stehenden Emissionsrechte kostenlos vergeben. Bezahlen mussten die Großkonzerne im EHS für ihre Klimaverschmutzung in den vergangenen Jahren deshalb so gut wie nichts. Das EHS ist also kein Ablasshandel. Oder noch genauer: Das EHS ist nicht einmal ein Ablasshandel.

Auch die kapitalismuskritische Verunglimpfung des EHS geht nicht auf. Von der politischen Linken wird gern vertreten: Probleme, die ihren Ursprung im Kapitalismus selbst haben, mit einem marktwirtschaftlichen Instrument lösen zu wollen, könne ja nicht funktionieren. Diese Argumentation übersieht, dass das EHS in der aktuellen Ausgestaltung alles andere als ein Instrument des Marktes ist. Vielmehr ist es eine staatlich kontrollierte Planverschmutzung.

Der Staat koordiniert sozusagen die Rechte darauf, unsere Lebensgrundlage zu zerstören. Einen wirklichen Preis zahlen die Firmen für den von ihnen angerichteten Schaden nicht. Und wo kein Preis existiert, kann auch kein Markt entstehen. Das Scheitern des EHS ist damit auch nicht auf ein Marktversagen zurückzuführen.

Bezahlen für den Klimaschmutz oder kassieren für den Klimaschutz?

Das Ausstoßen von schädlichen Treibhausgasen sollte Konsequenzen haben, so viel steht fest. Es gibt aber verschiedene Arten von Konsequenzen. Man kann einerseits bestrafen für mehr Emissionen oder belohnen für weniger Emissionen. Eigentlich sollte das EHS dadurch bestrafen, dass die Unternehmen aus dem Bereich der energieintensiven Schwerindustrie und der fossilen Energieproduktion für ihren Treibhausgasausstoß Emissionszertifikate kaufen und abgeben müssen.

Doch das EHS beinhaltet auch Belohnungselemente. Sie stecken beispielsweise in der Zuteilungsberechnung für die Gratiszertifikate. Anlagen mit tiefen Emissionen sollen via Benchmarking für ihre guten CO_2-Werte belohnt werden, indem sie mit den kostenlos zugeteilten Zertifikaten ihre Emissionen eher decken können. Bei den Firmen, denen mehr Gratisemissionsrechte zugeteilt wurden, als sie benötigten, spitzt sich der Belohnungsaspekt sogar noch zu. Wenn diese mehr emittieren, schmälert das lediglich ihren Profit, weil sie dann weniger Emissionsrechte in Reserve haben, die sie gewinnbringend verkaufen könnten. Wenn sie hingegen weniger emittieren, müssen sie nicht weniger bezahlen, sondern machen einfach noch mehr Gewinn, weil so mehr Emissionsrechte übrig bleiben.

In der Theorie sollte das Emissionshandelssystem deshalb auch bei den Firmen eine lenkende Wirkung entfalten, die Gratiszertifikate im Überschuss erhalten haben. So haben es uns im Gespräch mehrere Expert:innen erläutert. Die Lenkungswirkung entsteht dabei aber nicht, weil die Konzernleitungen die EHS-Kosten, also die Bestrafung, minimieren wollen, sondern weil sie die EHS-Gewinne, also die Belohnung, mithilfe der Gratiszertifikate maximieren wollen.

Belohnung und Bestrafung sind zwei grundlegend unterschiedliche Ansätze, auch wenn beide lenken können. Im EHS wirken beide Ansätze. Wie stark sie jeweils ausgeprägt sind, ist von Anlage zu Anlage verschieden. Je mehr Gratiszertifikate ein Unternehmen im Vergleich zu den tatsächlichen Emissionen erhält, umso ausgeprägter ist der Belohnungsaspekt. Ob Belohnen in der Praxis tatsächlich dieselbe Wirkung erzielen kann wie Bestrafen, sei dahingestellt. Die Ergebnisse aus Kapitel 1 stimmen wenig optimistisch.

Ein Problem ergibt sich aber, wenn man auf das Modell »Belohnung für weniger Emissionen« setzt. Es braucht unweigerlich eine Vergleichsgröße, mit der man dieses »Weniger« überhaupt erst beziffern kann. Es braucht eine Baseline, sozusagen einen Nullpunkt, an dem die Reduktion gemessen werden kann. Die Setzung dieses Nullpunkts ist aber alles andere als einfach. Ein Beispiel soll das aufzeigen.

Wie bereits erwähnt, plant die EU die Einführung eines weiteren Emissionshandels für die Bereiche Verkehr und Gebäude. Darin könnte man dereinst belohnt werden, wenn man von einem benzinbetriebenen Auto auf ein Elektroauto umsteigt und so Emissionen einspart, beispielsweise indem einem die Emissionsrechte für die Einsparungen gutgeschrieben werden und man diese dann weiterverkaufen kann. Wie dieser neue Emissionshandel genau funktionieren soll, steht noch nicht definitiv fest. In Deutschland gibt es aber bereits einen ähnlichen Mechanismus.[1]

Das klingt zunächst sinnvoll. Aber was ist mit denen, die erst gar kein Auto haben, die den öffentlichen Verkehr benutzen oder Fahrrad fahren und damit noch umweltfreundlicher unterwegs sind als im Tesla? Erhalten sie ihre CO_2-Einsparungen auch ausbezahlt? Oder gilt für sie eine andere Baseline, weil sie sich schon vorher ohne Auto fortbewegt haben? Vielleicht hat die Person, die auf den Tesla umsteigt, auch einfach einen längeren Arbeitsweg, der nicht mit dem Fahrrad bewältigt werden kann. Dann wären unterschiedliche Baselines allenfalls gerechtfertigt. Andererseits hat sich die Teslaperson vielleicht selbst dazu entschieden, weiter weg zu wohnen, weil es dort hübsche Häuser mit großem Garten gibt. Damit wäre die Anwendung verschiedener

Baselines wiederum fragwürdig. Vielleicht wurde sie aber auch durch steigende Mieten aus der Stadt gedrängt.

Das Beispiel zeigt, die Spirale ließe sich endlos weiterdrehen. Einen Nullpunkt zu setzen, den es für das System »Belohnen für weniger Emissionen« unweigerlich braucht, stellt eine echte Herausforderung dar. Auch das Modell »Bestrafen für mehr Emissionen« wirft Fragen auf, zum Beispiel, wie die Folgen für Leute mit wenig Einkommen sozial abgefedert werden können, wenn CO_2-Kosten an die Kundschaft weitergereicht werden. Aber es braucht keine Baseline. Das Prinzip ist einfach: Du verursachst eine Tonne, du bezahlst eine Tonne. Auch wenn die Erfahrung zeigt, dass Belohnungssysteme beliebter sind als Bestrafungssysteme, sollten sich die Politiker:innen genau überlegen, worauf sie sich einlassen. Denn sobald man auf Belohnen setzt, wird es kompliziert.

Darauf deutet nicht zuletzt das kaum noch durchschaubare Regelwerk hin, mit dem aktuell im EHS die Emissionsrechte zum Nulltarif zugeteilt werden. Eine in der Theorie sinnvolle Idee, nämlich dass diejenigen mit den tiefsten Emissionswerten belohnt werden sollen, endete in ihrer praktischen Umsetzung in einer schwer zu überblickenden Menge an Listen mit historischen Aktivitätsraten – die auch in gewisser Weise einen Nullpunkt setzen –, aktuellen Aktivitätsraten und Benchmarks, weil diese einzeln pro Sektor oder gar pro Anlage definiert werden müssen. Das Regelwerk des EHS mit all seinen Detailbestimmungen ist heute so kompliziert, dass kaum mehr jemand durchblickt, außer die Branchen und Konzerne, die sich hierfür Fulltime-Lobbyisten leisten können.

Am Rande sei erwähnt, dass die Orientierung der Schweiz an den EU-Benchmarks bei der Zuteilung der Gratiszertifikate ebenfalls kritisch betrachtet werden kann. Diese Benchmarks werden, wie in der Einleitung erklärt, anhand der treibhausgaseffizientesten 10 Prozent aller EHS-Betriebe in der EU berechnet. Weil viele Schweizer Firmen in Bezug auf die Treibhausgasemissionen im europäischen Vergleich ganz gute Werte haben, werden in der Schweiz viele Gratisemissionsrechte verteilt. Die Schweizer EHS-Teilnehmer haben also unter anderem auch deshalb einen so guten Deal im EHS, weil sie beispielsweise im Vergleich mit ihren bulgarischen oder polnischen Kollegen weniger emittieren. Ob die gut situierte Schweizer Wirtschaft dafür wirklich belohnt werden muss oder ob es nicht vielmehr selbstverständlich sein sollte, dass in einem reichen Land die neusten und klimafreundlichsten Technologien zum Einsatz kommen, ist zumindest fraglich.

Das EHS schiebt die schwierigsten Aufgaben auf die lange Bank

Die Logik des Emissionshandelssystems kann jedoch noch viel fundamentaler kritisiert werden. Die Dekarbonisierungskosten sind nämlich nicht bei allen Branchen und Prozessen gleich hoch. Liberale Politiker:innen und CEOs betonen als vermeintliche Stärke des EHS gern, dass das System immer zuerst dort Treibhausgasemissionen reduziert, wo es am günstigsten ist. Wenn man aber immer zuerst dort reduziert, wo es am wenigsten kostet, bleiben am Schluss genau die Bereiche übrig, deren vollständige Dekarbonisierung man in der verbleibenden Zeit bis 2050 gar nicht mehr schaffen kann. Denn je schwieriger eine Dekarbonisierung, desto teurer ist sie.

Vergleichen wir als Beispiel die Stromproduktion und die Zementproduktion. Bei einem EHS-Preis von 50 Franken für jede ausgestoßene Tonne Treibhausgase lohnt sich die Umrüstung von der Kohleverstromung auf Windenergie je nachdem noch nicht. Denn die Umrüstungskosten sind so teuer, dass es billiger ist, ein EHS-Zertifikat für die Emissionen zu kaufen. Erst wenn die EHS-Kosten hoch genug sind, wird es irgendwann billiger, das Problem an der Wurzel anzugehen und umzurüsten. Bei 80 Franken wird die Windenergie deshalb langsam konkurrenzfähig. Bei der Zementproduktion ist es anders. Dort ist die Dekarbonisierung schwieriger und teurer als bei der Stromproduktion. Folglich bewegen sich die Zementfirmen auch bei einem Zertifikatspreis von 80 Franken noch nicht.[2] Das Beispiel ist natürlich vereinfacht. Nicht für jede CO_2-Tonne aus der fossilen Stromproduktion oder aus der Zementproduktion sind die Vermeidungskosten gleich hoch. Das zeigt aber, dass Emissionen, die mit wenig Aufwand eingespart werden können, mittlerweile vielleicht tatsächlich angegangen werden. Wie man aber in Zukunft eine Autobahnbrücke aus Beton bauen soll, ohne dabei CO_2 zu emittieren, weiß bis heute niemand.

Die verbleibenden zwei Jahrzehnte, um hier mit den Treibhausgasemissionen auf Null zu kommen, werden für die notwendige Forschung und Umstellung kaum noch ausreichen. Schuld daran ist nicht zuletzt die dem EHS innewohnende Logik, dass man zuerst dort ansetzt, wo es am einfachsten und am billigsten ist, anstatt von Anfang an dort anzupacken, wo klar ist, dass man nicht so schnell eine Lösung finden wird. Bei einer genaueren Betrachtung entpuppt sich die vermeintliche Stärke des EHS deshalb als Falle. Es wäre unbestritten sinnvoller gewesen, bei den kompliziertesten Prozessen anzufangen, statt zuerst die Glühbirnen mit LEDs auszutauschen.

Das EHS und die Schweiz: kein Match

Die Kritik am Emissionshandelssystem an sich ist vielfältig. Wir haben aber gesehen, dass das EHS immer auch im Kontext der nationalen Klimagesetzgebung betrachtet werden muss. Und auch hier hakt es. Das auf dem internationalen Parkett angesiedelte EHS und die anderen Schweizer Klimaschutzinstrumente greifen nicht harmonisch ineinander.

Das EHS hebelt gewissermaßen eine eigentlich wirkungsvolle nationale Klimaschutzmaßnahme, nämlich die CO_2-Lenkungsabgabe, gerade für die Konzerne aus, die die höchsten Emissionen haben. Zwar ist das bis zu einem gewissen Grad auch in anderen Ländern der Fall. Das Problem ist in der Schweiz aber besonders ausgeprägt, weil hier der CO_2-Preis außerhalb des EHS im europäischen Vergleich hoch ist. Je höher der Preis für eine Tonne Treibhausgase außerhalb des EHS ist, desto größer ist auch die Disharmonie.

Der politischen Schweiz sind aber ein Stück weit die Hände gebunden. Denn die grundsätzliche Stoßrichtung für die Weiterentwicklung des Emissionshandelssystems wird nicht in Bern, sondern in Brüssel ausgehandelt. Das nimmt den Bund aber nicht aus der Verantwortung, denn die Schweizer Variante des EHS ist erst seit Januar 2020 mit dem europäischen EHS verknüpft. Für die vergangene Handelsperiode (2013–2020) hatte Bundesbern also größtenteils noch die volle Entscheidungsfreiheit.

Außerdem wäre es theoretisch schon denkbar, das Schweizer EHS zumindest teilweise mit dem Instrument der CO_2-Abgabe zu versöhnen, ohne zu riskieren, nicht mehr mit dem europäischen System kompatibel zu sein. Wie schon in der Einleitung erwähnt, könnte der Bund die Schweizer EHS-Firmen nicht ganz, sondern nur teilweise von der CO_2-Lenkungsabgabe befreien. Dies wird beispielsweise bereits bei den fossil-thermischen Kraftwerken so gehandhabt.[3] Das Verknüpfungsabkommen, das den Zusammenschluss des Schweizer und des europäischen EHS regelt, erlaubt es beiden Parteien, strengere Klimaschutzmaßnahmen zu erlassen.

Eine Ungerechtigkeit müsste die Schweiz definitiv selbst aus dem Weg räumen: die Rückverteilung der CO_2-Abgabe an die EHS-Firmen (vgl. Kapitel 3). Diese zusätzliche Bevorteilung ist eine helvetische Eigenart und hat nichts mit den europäischen Regeln des EHS zu tun.

Der kleine Hebel der Zivilgesellschaft

Bis anhin hat die Schweizer Politik aber ohnehin nicht viel Interesse daran gezeigt, das EHS in Sachen Gerechtigkeit nachzuschärfen. Dass sogar klare Empfehlungen der höchsten Schweizer Prüfinstanz, also der Eidgenössischen Finanzkontrolle, seit Jahren konsequenzlos in den Parlamentssälen von Bundesbern verhallen, zeigt das deutlich. Gibt es denn vielleicht für die Zivilbevölkerung Möglichkeiten, aktiv zu werden?

Grundsätzlich ist das EHS den großen Playern vorbehalten. Zwar können sich auch Privatpersonen beim EHS anmelden (vgl. Einleitung S. 25). Das ist aber kompliziert und nicht ganz billig. Für die Eröffnung eines Personenkontos im Emissionshandelsregister bezahlt man laut Faktenblatt des BAFU 560 Franken. Die jährlichen Kontoführungsgebühren belaufen sich auf 420 Franken.[4] Auffällig ist, dass die Gebühren für die Betreiber von EHS-Anlagen nur halb so hoch sind. Jedenfalls müsste man auch mit einem solchen Personenkonto im EHS für seine privaten Emissionen weiterhin die CO_2-Abgabe bezahlen. Doch man könnte damit selbst Emissionsrechte aufkaufen und hätte somit einen kleinen Korrekturhebel in der Hand.

Der gemeinnützige Verein Compensators hat dieses Potenzial erkannt. »Gemeinsam kaufen wir der europäischen Industrie CO_2 weg«, schreibt er auf seiner Webseite.[5] Das Konzept ist bestechend: Alles, was man Compensators überweist, investiert der Verein in EHS-Zertifikate und legt diese still. Den großen Systemwandel wird Compensators damit kaum einleiten. Trotzdem hat der Verein der Schwerindustrie auf diesem Weg bis Ende 2023 Emissionsrechte für über 16 000 Tonnen Treibhausgase weggekauft. Der Verein wirbt mit dem Slogan »Die smarte Methode deinen Fußabdruck auszugleichen«. Und tatsächlich kann man sich, anders als bei den Kompensationszertifikaten, beim Kauf eines EHS-Zertifikats hundert Prozent sicher sein, den Ausstoß von einer Tonne Treibhausgase zu verhindern – vorausgesetzt, man verkauft das Emissionsrecht nicht weiter. Die Wirkung tritt spätestens dann ein, wenn die Zertifikate wegen des immer kleiner werdenden Caps dereinst wirklich knapp sind und EHS-Konzerne sich dadurch zu CO_2-Reduktionen gezwungen sehen. Bei den weit verbreiteten freiwilligen CO_2-Kompensationszertifkaten ist hingegen oftmals unklar, wie viel CO_2 mit den Kompensationsprojekten tatsächlich eingespart werden konnte, wie die jüngsten Skandale um die Zertifizierungsstelle Verra und den Zertifikatsanbieter South Pole gezeigt haben (vgl. Exkurs zu den Kompensationen in der Einleitung S. 18 ff.). Es ist deshalb durchaus sinnvoll, seinen Flug über Compensators auszugleichen, wenn man unbedingt fliegen muss.

Mit dem Rücken zur Wand

Zum Schluss fragen wir uns ganz grundsätzlich: Wird der Wandel hin zu einer dekarbonisierten Zukunft tatsächlich bei den EHS-Konzernen stattfinden? Würde man nicht besser den Holzbau unterstützen als die Zementbranche? Sind Gratiszertifikate für die Milchindustrie wirklich sinnvoll, wenn sich daneben die Hafermilchbranche entwickelt? Weshalb die Herstellung von Neustahl aus Erz subventionieren, wenn man zur Kreislaufwirtschaft forschen könnte?

So oder so drängt die Zeit. Offensichtlich haben es die Zementwerke und Raffinerien bis heute nicht geschafft, wirklich ein Teil der Lösung zu werden. Stattdessen sind sie weiterhin Teil des Problems und beanspruchen mit ihrer fehlenden Kooperation und ihrem Spezialdeal nicht nur politische, sondern auch finanzielle Ressourcen. Auch wenn sich die einen oder anderen Großkonzerne vielleicht Mühe geben – Holcim, VARO, Lonza und Co. werden uns nicht aus der Klimakrise retten. Man möchte also sagen: *Hören wir auf, auf sie zu setzen und legen wir die Samthandschuhe beiseite!*

So einfach ist das aber nicht. Im Zeitalter der globalisierten Riesenkonzerne haben wir uns abhängig gemacht – abhängig von den Produkten, Rohstoffen, Arbeitsplätzen und Steuern der internationalen Wirtschaft. Wir sind so abhängig, dass unsere Mitspracherechte marginal sind. Zudem können international aufgestellte Konzerne die Staaten gegeneinander ausspielen. Es wäre nicht erstaunlich, wenn bezüglich Treibhausgaskosten bald eine ähnliche Abwärtsspirale losgetreten würde, wie wir dies heute bereits von den Unternehmenssteuern kennen, und die Länder anfangen, sich mit konzernfreundlichen CO_2-Bepreisungssystemen gegenseitig zu unterbieten. Die nationale Politik steht in Sachen Klimaschutz mit dem Rücken zur Wand – in der Schweiz genauso wie in der EU und in allen Ländern, wo man eine wirklich griffige Klimaschutzgesetzgebung einführen möchte.

Um der internationalen Klimakrise Einhalt zu gebieten, braucht es deshalb ein politisches Instrument, das in derselben internationalen Liga spielt wie die Konzerne. Das Emissionshandelssystem und ein mit ihm kombinierter Klimazoll sind die einzigen bereits vorhandenen Instrumente, die diesem Anspruch zumindest ansatzweise gerecht werden. Deshalb werden wir das EHS nicht abschaffen können. Es muss aber unbedingt strenger und transparenter werden. Und damit jedes teilnehmende Land darauf vertrauen kann, dass die anderen Länder die Konzerne genauso zur Kasse bitten, muss es einen Mindestpreis auf CO_2-Emissionen garantieren.

Anstelle einer Subventionierungsmaschine für auf Profit getrimmte Großkonzerne aus einer vergangenen Zeit könnte das EHS dann als Planungsinstrument dienen, um eben diesen Konzernen den fossilen Energiehahn ein für alle Mal abzudrehen – in Europa und überall in der Welt.

Anhang

Abkürzungsverzeichnis

AG Aktiengesellschaft
AHV Alters- und Hinterlassenenversicherung
BAFU Bundesamt für Umwelt
BFE Bundesamt für Energie
CBAM CO_2-Grenzausgleichmechanismus (englisch: Carbon Border Adjustment Mechanism)
CEO Vorstandsvorsitzende:r, Hauptgeschäftsführer:in (englisch: Chief Executive Officer)
CER Certified Emission Reduction (spezifischer Emissionszertifikatstyp)
CHU Kürzel für die Schweizer Emissionsrechte für Anlagen
EEX European Energy Exchange (Energiebörse mit Sitz in Leipzig)
EFK Eidgenössische Finanzkontrolle
EHS Emissionshandelssystem
ERZ Entsorgung + Recycling Zürich
ETH Eidgenössische Technische Hochschule
EU Europäische Union
EUA Kürzel für die EU-Emissionsrechte für Anlagen (englisch: European Union Allowances)
FDP Freisinnig-Demokratische Partei
IWF Internationaler Währungsfonds
KMU Kleine und mittlere Unternehmen
KVA Kehrichtverbrennungsanlage
LED Leuchtdiode (englisch: light emitting diode)
RSMVA Regionale Sondermüllverwertungsanlage
SECO Staatssekretariat für Wirtschaft
SES Schweizerische Energiestiftung
SP Sozialdemokratische Partei der Schweiz
SRF Schweizer Radio und Fernsehen
UN Vereinte Nationen (englisch: United Nations)
UVEK Eidgenössisches Departement für Umwelt, Verkehr, Energie und Kommunikation
WIFO Österreichisches Institut für Wirtschaftsforschung
WTO Welthandelsorganisation (englisch: World Trade Organization)

Anmerkungen

Einleitung

1 Europäisches Parlament, »Interaktive Zeittafel. Übersicht über die Klimaverhandlungen«, www.europarl.europa.eu/infographic/climate-negotiations-timeline/index_de.html#event-1997 (30. November 2023)

2 Bundesamt für Umwelt BAFU, »Internationale Klimapolitik: Kyoto-Protokoll«, Letzte Änderung 24. April 2023, www.bafu.admin.ch/bafu/de/home/themen/klima/fachinformationen/klima--internationales/internationale-klimapolitik--kyoto-protokoll.html (30. November 2023)

3 United Nations, Paris Agreement, 2015, https://unfccc.int/files/essential_background/convention/application/pdf/english_paris_agreement.pdf (30. November 2023)

4 United Nations Environment Programme, *Emissions Gap Report 2023,* »Broken Record. Temperatures hit new highs, yet world fails to cut emissions (again)«, 20. November 2023, www.unep.org/resources/emissions-gap-report-2023 (30. November 2023)

5 Deutsches Umweltbundesamt, »Kyoto-Protokoll«, 25. Juli 2013, www.umweltbundesamt.de/themen/klima-energie/internationale-eu-klimapolitik/kyoto-protokoll#entstehungsgeschichte-und-erste-verpflichtungsperiode (30. November)

6 International Carbon Action Partnership, »EU Emissions Trading System (EU ETS)«, https://icapcarbonaction.com/en/ets/eu-emissions-trading-system-eu-ets (22. November 2023)

7 Deutsches Umweltbundesamt, »Der EU-Emissionshandel wird umfassend reformiert«, 6. Juli 2023, www.umweltbundesamt.de/themen/der-eu-emissionshandel-wird-umfassend-reformiert (27. November 2023)

8 Bundesamt für Umwelt BAFU, »Emissionshandelssystem für Betreiber von Anlagen«, letzte Änderung 13. September 2023, www.bafu.admin.ch/bafu/de/home/themen/klima/fachinformationen/verminderungsmassnahmen/ehs/anlagen.html (29. Oktober 23)

9 International Carbon Action Partnership, »Compare ETS«, https://icapcarbonaction.com/en/compare (22. November 2023)

10 *Das Lamm* und *Radio Stadtfilter*, »Das CO_2-Gesetz«, Podcast-Serie mit Alex Tiefenbacher und Dominik Dusek, 4. September 2023 (Teil 1), 11. September 2023 (Teil 2), 18. September 2023 (Teil 3), www.daslamm.ch/das-co2-gesetz-was-bisher-geschah-1-3 (22. November 2023)

11 Geschäft des Schweizer Bundesrates, 22.061, »CO_2-Gesetz für die Zeit nach 2024. Revision«, Einreichungsdatum 16. September 2022, www.parlament.ch/DE/ratsbetrieb/suche-curia-vista/geschaeft?AffairId=20220061 (7. Dezember 2023)

12 Schweizer Bundesrat, Verordnung über die Reduktion der CO2-Emissionen (CO_2-Verordnung) vom 30. November 2012 (Stand am 10. November 2023), 641.711, Art. 146o, Abs. 2, www.fedlex.admin.ch/eli/cc/2012/856/de#art_146_o (23. Dezember 2023)

13 Malte Seiwerth, »CO_2 – Ablasshandel unter dem Mantel der Entwicklungspolitik«, in: *das Lamm*, 18. März 2022, www.daslamm.ch/co2-ablasshandel (27. November 2023)

14 Bundesamt für Umwelt BAFU, »Bilaterale Vereinbarungen Klima«, letzte Änderung 11. Dezember 2023, www.bafu.admin.ch/bafu/de/home/themen/klima/fachinformationen/klima--internationales/staatsvertraege-umsetzung-klimauebereinkommen-von-paris-artikel6.html (13. Dezember 2023)

15 Klaus Ammann, »Die Schweiz will CO_2-Ausstoss im Ausland reduzieren«, in: SRF HeuteMorgen, 12. Dezember 2023, www.srf.ch/audio/heutemorgen/die-schweiz-will-co2-ausstoss-im-ausland-reduzieren?id=12502482 (13. Dezember 2023)

16 Svenja Beller, »Saubere CO_2-Bilanz (not) made in Switzerland«, in: *das Lamm*, 12. Oktober 2023, www.daslamm.ch/saubere-co2-bilanz-not-made-in-switzerland (27. November 2023)

17 Barbara Achermann und Sylviane Chassot, »Schweizer Klimadeals mit armen Ländern – grosse Hoffnungen, grosse Probleme«, in: *Das Magazin*, 8. Dezember 2023, www.tagesanzeiger.ch/recherche-zu-schweizer-klimaprojekten-co2-zertifikate-alles-nur-ein-ablasshandel-770710300093 (13. Dezember 2023)

18 Tin Fischer und Hannah Knuth, »Grün getarnt«, in: *Zeit Online*, aktualisiert am 1. Mai 2023, www.zeit.de/2023/04/co2-zertifikate-betrug-emissionshandel-klimaschutz (26. November 2023)

19 Julian Schmidli, »Umstrittene CO_2-Kompensationen: ein Wald voller Versprechen«, in: SRF 4 News, 26. Juli 2023, www.srf.ch/news/wirtschaft/schweizer-firma-south-pole-umstrittene-co-kompensationen-ein-wald-voller-versprechen (26. November 2023)

20 Schweizer Radio und Fernsehen (SRF), *Arena*, Sendung »Klimakatastrophe« vom 31. März 1995, www.srf.ch/play/tv/arena/video/klimakatastrophe?urn=urn:srf:video:2fc3077c-9b82-4197-a1b8-aed71fb1624c (7. Dezember 2023)

21 Medienmitteilung des Eidgenössischen Departements für Umwelt, Verkehr, Energie und Kommunikation UVEK, »CO_2-Abgabe auf Brennstoffe wird auf Januar 2008 eingeführt«, 28. Juni 2007, www.admin.ch/gov/de/start/dokumentation/medienmitteilungen.msg-id-13369.html (29. Oktober 2023)

22 Medienmitteilung des Eidgenössischen Departements für Umwelt, Verkehr, Energie und Kommunikation UVEK, »CO_2-Abgabe auf Brennstoffen wird 2010 erhöht«, 19. Juni 2009, www.admin.ch/gov/de/start/dokumentation/medienmitteilungen.msg-id-27541.html (29. Oktober 2023); Medienmitteilung des Bundesamts für Umwelt BAFU, »CO_2-Ziel 2012 nicht erreicht: CO_2-Abgabe auf Brennstoffe wird 2014 erhöht«, 03. Juli 2013, www.admin.ch/gov/de/start/dokumentation/medienmitteilungen.msg-id-49576.html (29. Oktober 2023); Medienmitteilung des Bundesamts für Umwelt BAFU, »Reduktionsziel 2014 nicht erreicht: CO_2-Abgabe auf Brennstoffe wird 2016 erhöht«, 03. Juli 2015, www.admin.ch/gov/de/start/dokumentation/medienmitteilungen.msg-id-58016.html (29. Oktober 2023); Medienmitteilung des Bundesamts für Umwelt BAFU, »Zu hohe CO_2-Emissionen aus Brennstoffen – Erhöhung der Abgabe im Jahr 2018«, 11. Juli 2017, www.admin.ch/gov/de/start/dokumentation/medienmitteilungen.msg-id-67501.html (29. Oktober 2023); Medienmitteilung des Bundesamts für Umwelt BAFU, »CO_2-Emissionen aus Brennstoffen 2020 wenig gesunken: Abgabe steigt per 2022 automatisch«, 7. Juli 2021, www.admin.ch/gov/de/start/dokumentation/medienmitteilungen.msg-id-84335.html (29. Oktober 2023)

23 Bundesamt für Umwelt BAFU, »CO_2-Abgabe«, Letzte Änderung 29. Dezember 2020, www.bafu.admin.ch/bafu/de/home/themen/klima/fachinformationen/verminderungsmassnahmen/co2-abgabe.html (1. Dezember 2023)

24 Bundesgesetz über die Reduktion der CO_2-Emissionen (CO_2-Gesetz), 641.71, vom 23. Dezember 2011 (Stand am 1. Januar 2022), Art. 17, www.fedlex.admin.ch/eli/cc/2012/855/de#art_17 (30. November 2023)

25 Europäische Kommission, »Emissionsobergrenzen und -zertifikate«, https://climate.ec.europa.eu/eu-action/eu-emissions-trading-system-eu-ets/emissions-cap-and-allowances_de (1. Dezember 2023); Bundesamt für Umwelt BAFU, »Emissionshandelssystem für Betreiber von Anlagen«, letzte Änderung 13. September 2023.

26 Deutsches Umweltbundesamt, »Der EU-Emissionshandel wird umfassend reformiert«, 6. Juli 2023, www.umweltbundesamt.de/themen/der-eu-emissionshandel-wird-umfassend-reformiert (29. Oktober 2023)

27 Schweizer Bundesrat, Verordnung über die Reduktion der CO_2-Emissionen (CO_2-Verordnung) vom 30. November 2012 (Stand am 1. Januar 2024), 641.711, Anhang 8 und 15, www.fedlex.admin.ch/eli/cc/2012/856/de (11. Dezember 2023)

28 Schweizer Bundesrat, Verordnung über die Reduktion der CO_2-Emissionen (CO_2-Verordnung) vom 30. November 2012 (Stand am 10. November 2023), 641.711, Anhang 6, www.fedlex.admin.ch/eli/cc/2012/856/de#annex_6 (27. November 2023)

29 Ebd., Anhang 7, www.fedlex.admin.ch/eli/cc/2012/856/de#annex_7 (27. November 2023)

30 Bundesamt für Umwelt BAFU, »Emissionshandelssystem für Luftfahrzeugbetreiber«, letzte Änderung 10. August 2023, www.bafu.admin.ch/bafu/de/home/themen/klima/fachinformationen/verminderungsmassnahmen/ehs/luftfahrt.html (29. Oktober 2023)

31 Bundesamt für Umwelt BAFU, »Emissionshandelssystem EHS. Ein Modul der Mitteilung des BAFU als Vollzugsbehörde zur CO_2-Verordnung«, Stand Dezember 2014, S. 19; Europäische Kommission, »Zuteilung für Industrieanlagen«, 14. Juli 2021, https://climate.ec.europa.eu/eu-action/eu-emissions-trading-system-eu-ets/free-allocation/allocation-industrial-installations_de (29. Oktober 2023)

32 Schweizer Bundesrat, Verordnung über die Reduktion der CO_2-Emissionen (CO_2-Verordnung) vom 30. November 2012 (Stand am 10. November 2023), 641.711, Anhang 9, www.fedlex.admin.ch/eli/cc/2012/856/de#annex_9/lvl_u1/lvl_2 (29. Oktober 2023); Europäische Kommission, Delegierte Verordnung (EU) 2019/331 der Kommission vom 19. Dezember 2018 zur Festlegung EU-weiter Übergangsvorschriften zur Harmonisierung der kostenlosen Zuteilung von Emissionszertifikaten gemäß Artikel 10a der Richtlinie 2003/87/EG des Europäischen Parlaments und des Rates, Anhang V, https://eur-lex.europa.eu/legal-content/DE/TXT/?uri=celex%3A32019R0331 (1. Dezember 2023)

33 Schweizer Bundesrat, Verordnung über die Reduktion der CO_2-Emissionen (CO_2-Verordnung) vom 30. November 2012 (Stand am 1. Januar 2013), 641.711, Anhang 9, www.fedlex.admin.ch/filestore/fedlex.data.admin.ch/eli/cc/2012/856/20130101/de/pdf-a/fedlex-data-admin-ch-eli-cc-2012-856-20130101-de-pdf-a.pdf (29. Oktober 2023)

34 Delegierter Beschluss (EU) 2019/708 der Kommission vom 15. Februar 2019 zur Ergänzung der Richtlinie 2003/87/EG des Europäischen Parlaments und des Rates hinsichtlich der Festlegung der Sektoren und Teilsektoren, bei denen davon ausgegangen wird, dass für sie im Zeitraum 2021–2030 ein

Risiko der Verlagerung von CO_2-Emissionen besteht, Anhang, https://eur-lex.europa.eu/legal-content/DE/TXT/HTML/?uri=CELEX:32019D0708&from=DE#d1e32-24-1 (8. Dezember 2023)

35 Bundesamt für Umwelt BAFU, »Emissionshandelssystem EHS. Ein Modul der Mitteilung des BAFU als Vollzugsbehörde zur CO_2-Verordnung«, Stand August 2018, Kapitel 9 Änderungswesen

36 Schweizerische Eidgenossenschaft, Schweizer Emissionshandelsregister, www.emissionsregistry.admin.ch (27. November 2023)

37 Nasdaq, European Union Allowances (EUA) Futures, »Reliable trading and clearing of EUA emissions derivatives«, www.nasdaq.com/solutions/eua-carbon-emission-futures-options (1. Dezember 2023)

38 European Energy Exchange (EEX), EEX EUA Spot, www.eex.com/en/market-data/environmentals/spot (27. November 2023)

39 Europäische Kommission, »Versteigerung«, https://climate.ec.europa.eu/eu-action/eu-emissions-trading-system-eu-ets/auctioning_de (1. Dezember 2023)

40 Österreichische Emissionshandelsstelle, »Handelbare Einheiten«, www.emissionshandelsregister.at/emissionshandel/handelbareeinheiten (1. Dezember 2023)

41 Bundesversammlung der Schweizerischen Eidgenossenschaft, Bundesgesetz über die Reduktion der CO_2-Emissionen (CO_2-Gesetz) vom 23. Dezember 2011 (Stand am 1. Januar 2022), 641.71, ab 4. Kapitel, www.fedlex.admin.ch/eli/cc/2012/855/de#chap_4 (29. Oktober 2023)

42 Schweizer Bundesrat, Verordnung über die Reduktion der CO_2-Emissionen (CO_2-Verordnung) vom 30. November 2012 (Stand am 10. November 2023), 641.711, www.fedlex.admin.ch/eli/cc/2012/856/de#chap_4 (1. Dezember 2023)

43 Fedlex – Die Publikationsplattform des Bundesrechts, Verordnung vom 30. November 2012 über die Reduktion der CO_2-Emissionen (CO_2-Verordnung) – Chronologie, www.fedlex.admin.ch/eli/cc/2012/856/de/history (29. Oktober 2023)

44 Medienmitteilung des Bundesrats, »Bundesrat passt drei Verordnungen aus dem Umweltbereich an«, 29. September 2023, www.admin.ch/gov/de/start/dokumentation/medienmitteilungen.msg-id-97951.html (1. Dezember 2023)

45 Abkommen zwischen der Schweizerischen Eidgenossenschaft und der Europäischen Union zur Verknüpfung ihrer jeweiligen Systeme für den Handel mit Treibhausgasemissionen, abgeschlossen am 23. November 2017 (Stand am 15. Dezember 2021), https://fedlex.data.admin.ch/filestore/fedlex.data.admin.ch/eli/cc/2018/124/20211215/de/pdf-a/fedlex-data-admin-ch-eli-cc-2018-124-20211215-de-pdf-a.pdf (29. Oktober 2023)

46 Deutsches Umweltbundesamt, »Der Europäische Emissionshandel«, 23. November 2023, www.umweltbundesamt.de/daten/klima/der-europaeische-emissionshandel#teilnehmer-prinzip-und-umsetzung-des-europaischen-emissionshandels (29. November 2023)

47 Margit Schratzenstaller, Angela Köppl und Stefan Schleicher, »Der Beitrag des österreichischen Abgabensystems zur sozioökologischen Transformation«, WIFO Research Briefs 3/2023, Österreichisches Institut für Wirtschaftsforschung, Februar 2023, S. 9, www.wifo.ac.at/jart/prj3/wifo/resources/person_dokument/person_dokument.jart?publikationsid=70654&mime_type=application/pdf (29. November 2023)

Kapitel 1

1 Medienmitteilung des Bundesamtes für Statistik BFS, »Statistik der Unternehmensstruktur 2016. Erstmals wurde in der Schweiz die 600 000 Unternehmensgrenze geknackt«, 23. August 2018, www.bfs.admin.ch/bfs/de/home/aktuell/neue-veroeffentlichungen.assetdetail.5827376.html (30. Oktober 2023)

2 Stiftung myclimate, CO_2-Rechner, https://co2.myclimate.org (30.Oktober 2023)

3 Bundesamt für Umwelt BAFU, »Klima: Das Wichtigste in Kürze«, letzte Änderung 11. April 2023, www.bafu.admin.ch/bafu/de/home/themen/klima/inkuerze.html#-1439031040 (2. Dezember 2023)

4 global Carbon Atlas, https://globalcarbonatlas.org/emissions/carbon-emissions (14. Dezember 2023)

5 Daniel Stern, »Welchen Kreislauf wollen wir?«, in: *WOZ Die Wochenzeitung*, 27. Januar 2022, www.woz.ch/2204/abfallverbrennung/welchen-kreislauf-wollen-wir (2. Dezember 2023)

6 Bundesamt für Umwelt BAFU, Treibhausgasinventar der Schweiz, »Entwicklung der Treibhausgasemissionen der Schweiz seit 1990«, letzte Änderung 11. April 2023, www.bafu.admin.ch/bafu/de/home/themen/klima/zustand/daten/treibhausgasinventar.html (29. November 2023)

7 Schweizerische Eidgenossenschaft, Schweizer Emissionshandelsregister, www.emissionsregistry.admin.ch (27. November 2023)

8 Nau.ch, »Mit Abbruch der Tamoil-Raffinerie in Collombey-Muraz endet eine Ära«, 12. August 2021, www.nau.ch/news/schweiz/mit-abbruch-der-tamoil-raffinerie-in-collombey-muraz-endet-eine-ara-65981405 (30. Oktober 2023)

9 Christoph Lenz, »Die Klimaschande von Visp«, in: *Das Magazin*, 23. Oktober 2020, https://interaktiv.tagesanzeiger.ch/2020/lonza-treibhausgas-leck (30. Oktober 2023)

10 Stadt Zürich Präsidialdepartement, »CO_2-Statistik 1990 bis 2020«, www.stadt-zuerich.ch/prd/de/index/statistik/themen/umwelt-verkehr/wasser-energie/energiestatistik.html (8. Dezember 2023)

11 Alex Tiefenbacher und Samina Stämpfli, »Gaskraftwerke als Geschäftsmodell?«, in: *das Lamm*, 25. März 2022, www.daslamm.ch/gaskraftwerke-als-geschaeftsmodell (30. Oktober 2023)

12 Generalsekretariat UVEK, »CO_2-Emissionen: Vereinbarung zwischen Bund und Kehrichtverbrennungsanlagen«, 16. März 2022, www.uvek.admin.ch/uvek/de/home/uvek/medien/medienmitteilungen.msg-id-87605.html (29. November 2023)

13 SRF, Regionaljournal Basel Baselland, »Pharmakonzern Novartis verkauft seinen Teil des Klybeckareals«, 22. Mai 2019, www.srf.ch/news/industriebrache-entwickeln-pharmakonzern-novartis-verkauft-seinen-teil-des-klybeckareals (9. Dezember 2023); Medienmitteilung BASF, »BASF verkauft ihren Anteil des Klybeckareals in Basel an Swiss Life«, 2. Juli 2019, www.basf.com/ch/de/media/news-releases/2019/basf-verkauft-ihren-anteil-des-klybeckareals-in-basel-an-swiss-l.html (9. Dezember 2023)

14 Live Magazine, Novartis in der Schweiz, »Klybeck-Serie. Der letzte Tag (Folge 9)«, 24. Juli 2021, https://live.novartis.com/article/66/die-letzten-tage-folge-9 (9. Dezember 2023)

15 Rhystadt, »Vermietung«, www.rhystadt.ch/de/vermietung (3. Dezember 2023)

16 Christoph Lenz, »Die Klimaschande von Visp«

17 Deutsches Umweltbundesamt, »Lachgas und Methan«, 22. Juni 2022, www.umweltbundesamt.de/themen/landwirtschaft/umweltbelastungen-der-landwirtschaft/lachgas-methan (2. Dezember 2023)
18 cemsuisse, »Roadmap 2050. Klimaneutraler Zement als Ziel«, Mai 2021, www.cemsuisse.ch/app/uploads/2021/05/Cemsuisse_Roadmap_Stand-Mai.pdf, S. 6 (29. November 2023)
19 Tobias Granwehr, »Die wechselvolle Geschichte der Papierfabrik«, in: *Berner Zeitung*, 22. Dezember 2017, www.bernerzeitung.ch/die-wechselvolle-geschichte-der-papierfabrik-553889273980 (2. Dezember 2023)
20 Dimitri Hofer, »Nach jahrelangem Stillstand: Jetzt geht es der Papieri in Zwingen an den Kragen«, in: *Luzerner Zeitung*, 16. Februar 2018, www.luzernerzeitung.ch/basel/baselland/nach-jahrelangem-stillstand-jetzt-geht-es-der-papieri-in-zwingen-an-den-kragen-ld.1484842 (2. Dezember 2023)
21 Christoph Lenz, »Die Klimaschande von Visp«
22 Medienmitteilung des Bundesamts für Umwelt BAFU, »Treibhausgas-emissionen des Schweizer Industriesektors höher als angenommen«, 10. Februar 2020, www.bafu.admin.ch/bafu/de/home/dokumentation/medienmitteilungen/anzeige-nsb-unter-medienmitteilungen.msg-id-78041.html (29. November 2023)
23 Bundesamt für Umwelt BAFU, Treibhausgasinventar der Schweiz, »Entwicklung der Treibhausgasemissionen der Schweiz seit 1990«, letzte Änderung 11. April 2023, www.bafu.admin.ch/bafu/de/home/themen/klima/zustand/daten/treibhausgasinventar.html (29. November 2023)

Kapitel 2

1 Schweizerische Eidgenossenschaft, Schweizer Emissionshandelsregister, »Abgabepflicht«, Verpflichtungsperiode 2-2013-2020, www.emissionsregistry.admin.ch/crweb/public/reporting/ve/period.action (2. Dezember 2023)
2 Dottikon Exclusive Synthesis, Geschäftsberichte, https://dottikon.com/dottikon-es-de/investors/financial-reports (29. November 2023)
3 Bundesamt für Umwelt BAFU, »Emissionshandelssystem für Betreiber von Anlagen. Ein Modul der Mitteilung des BAFU als Vollzugsbehörde zur CO_2-Verordnung«, Stand Februar 2023, S. 18, www.bafu.admin.ch/bafu/de/home/themen/klima/publikationen-studien/publikationen/emissionshandelssystem-ehs.html (2. Dezember 2023)
4 Schweizer Bundesrat, Verordnung über die Reduktion der CO_2-Emissionen (CO_2-Verordnung) vom 30. November 2012 (Stand am 1. November 2020), 641.711, Art. 46b Abs 1a, www.fedlex.admin.ch/filestore/fedlex.data.admin.ch/eli/cc/2012/856/20201101/de/pdf-a/fedlex-data-admin-ch-eli-cc-2012-856-20201101-de-pdf-a.pdf (1. Dezember 2023)
5 Bundesamt für Umwelt BAFU, »Emissionshandelssystem EHS. Ein Modul der Mitteilung des BAFU als Vollzugsbehörde zur CO_2-Verordnung«, Stand August 2018, S. 65
6 Bundesamt für Umwelt BAFU, »Emissionshandelssystem für Betreiber von Anlagen. Ein Modul der Mitteilung des BAFU als Vollzugsbehörde zur CO_2-Verordnung«, Stand Februar 2023, S. 28, www.bafu.admin.ch/bafu/de/home/themen/klima/publikationen-studien/publikationen/emissionshandelssystem-ehs.html (29. November 2023)
7 GZM Extraktionswerke AG, »Umweltbericht 2020«, S. 11, www.centravo.ch/images/content/pdf/Umweltbericht_d.pdf (29. November 2023)

8 Nico Müller und Alex Tiefenbacher, »Klimaneutrale Schlachtabfälle?«, in: *das Lamm*, 18. Mai 2023, www.daslamm.ch/klimaneutrale-schlachtabfaelle (30. Oktober 2023)

9 cemsuisse, »Jahresbericht 2022«, S. 31, www.cemsuisse.ch/jahresberichte (2. Dezember 2023)

10 Ebd., S. 12

11 Alex Tiefenbacher und Samina Stämpfli, »Gaskraftwerke als Geschäftsmodell?«, in: *das Lamm*, 25. März 2022, www.daslamm.ch/gaskraftwerke-als-geschaeftsmodell (30. Oktober 2023)

12 Eidgenössische Finanzkontrolle (EFK), »Evaluation der Lenkungswirkung des Emissionshandelssystems«, 11. Januar 2017, S. 3, www.efk.admin.ch/images/stories/efk_dokumente/publikationen/evaluationen/Evaluationen%20(51)/16393BE.pdf (29. November 2023)

13 Delegierter Beschluss (EU) 2019/708 der Kommission vom 15. Februar 2019 zur Ergänzung der Richtlinie 2003/87/EG des Europäischen Parlaments und des Rates hinsichtlich der Festlegung der Sektoren und Teilsektoren, bei denen davon ausgegangen wird, dass für sie im Zeitraum 2021–2030 ein Risiko der Verlagerung von CO_2-Emissionen besteht, Anhang, https://eur-lex.europa.eu/legal-content/DE/TXT/HTML/?uri=CELEX:32019D0708&from=DE#d1e32-24-1 (3. Dezember 2023)

14 Europäische Umweltagentur, »EU Emissions Trading System (ETS) data viewer«, www.eea.europa.eu/data-and-maps/dashboards/emissions-trading-viewer-1 (29. November 2023)

15 Medienmitteilung des Bundesrats, »Energie: Bundesrat hält Verordnung über den Betrieb von Reservekraftwerken und Notstromgruppen im Winter 2023/24 bereit«, 29. November 2023, www.admin.ch/gov/de/start/dokumentation/medienmitteilungen.msg-id-99029.html (29. November 2023)

16 Matthias Heim, »Französische AKWs sind für die Schweiz unverzichtbar«, in: SRF Rendez-Vous, 18. Juli 2023, www.srf.ch/news/schweiz/stromversorgung-franzoesische-akws-sind-fuer-die-schweiz-unverzichtbar (3. Dezember 2023)

17 Europäische Umweltagentur, »EU Emissions Trading System (ETS) data viewer«

18 Lonza, »Sustainability Report 2021«, S. 60, www.lonza.com/-/media/Lonza/Lonzacom/investor-relations/Financial%20Reports/2021_Sustainability_Report_2803.pdf (29. November 2023)

19 Zoom-Interview mit Sonja Peterson, 16. November 2022

20 Johanna Bocklet, *Essays on the Market Design of the EU Emissions Trading System,* Inauguraldissertation zur Erlangung des Doktorgrades der Wirtschafts- und Sozialwissenschaftlichen Fakultät der Universität Köln, 2021, https://kups.ub.uni-koeln.de/54371/1/Dissertation_Bocklet.pdf (3. Dezember 2023)

21 Zoom-Interview mit Johanna Bocklet, 19. Dezember 2022

Kapitel 3

1 Eidgenössische Finanzkontrolle (EFK), »Evaluation der Lenkungswirkung des Emissionshandelssystems. Bundesamt für Umwelt«, 11. Januar 2017, S. 27, www.efk.admin.ch/images/stories/efk_dokumente/publikationen/evaluationen/Evaluationen%20(51)/16393BE.pdf (29. November 2023)

2 Skype-Interview mit Mathias Rickli und Emmanuel Sangra, 5. Oktober 2022

3 Alex Tiefenbacher, »Neues CO_2-Gesetz: Das würde sich ändern«, in: *das Lamm*, 3. Februar 2022, www.daslamm.ch/neues-co2-gesetz-das-wurde-sich-andern (29. November 2023)

4 Klimastiftung Schweiz, »Partnerfirmen«, www.klimastiftung.ch/de/partnerfirmen.html (03.11.2023)

5 Alex Tiefenbacher, »Geschenkte CO_2-Zertifikate«, in: *das Lamm*, 17. März 2022, www.daslamm.ch/geschenkte-co2-zertifikate (29. November 2023)

6 Ebd.

7 Schweizer Bundesrat, Verordnung über die Reduktion der CO_2-Emissionen (CO_2-Verordnung) vom 30. November 2012 (Stand am 10. November 2023), Artikel 41 (641.711), www.fedlex.admin.ch/eli/cc/2012/856/de#art_41 (1. Dezember 2023)

8 Schweizerische Eidgenossenschaft, Schweizer Emissionshandelsregister, »Abgabepflicht«, Verpflichtungsperiode 3-2021-2030, www.emissionsregistry.admin.ch/crweb/public/reporting/ve/period.action (14. Dezember 2023)

9 Alex Tiefenbacher, »Die CO_2-Abgabe: Der hohle Kern der Schweizer Klimapolitik«, in: *das Lamm*, 22. März 2022, www.daslamm.ch/die-co2-abgabe-der-hohle-kern-der-schweizer-klimapolitik (29. November 2023)

10 Eidgenössische Finanzkontrolle (EFK), »Evaluation der Lenkungswirkung des Emissionshandelssystems. Bundesamt für Umwelt«, 11. Januar 2017, S. 30

Kapitel 4

1 European Energy Exchange (EEX), EEX EUA Spot, www.eex.com/en/market-data/environmentals/spot (Stichtag: 25. Januar 2023)

2 Benedikt Dietsch, »Der Klima-Discounter«, in: *Flip*, https://letsflip.de/kompensation-un-unwirksame-co2-zertifikate (6. Dezember 2023)

3 United Nations Framework Convention on Climate Change, »Carbon offset platform«, https://offset.climateneutralnow.org/AllProjects (15. Dezember 2023)

4 Schweizer Bundesrat, Verordnung über die Reduktion der CO_2-Emissionen (CO_2-Verordnung) vom 30. November 2012 (Stand am 10. November 2023), Anhang 8 (641.711), www.fedlex.admin.ch/eli/cc/2012/856/de#annex_8 (1. Dezember 2023)

5 Eidgenössische Finanzkontrolle (EFK), »Evaluation der Lenkungswirkung des Emissionshandelssystems«, 11. Januar 2017, S. 27, 30, www.efk.admin.ch/images/stories/efk_dokumente/publikationen/evaluationen/Evaluationen%20(51)/16393BE.pdf (29. November 2023)

6 Österreichisches Umweltbundesamt, Österreichische Emissionshandelsregisterstelle, www.emissionshandelsregister.at (29. November 2023)

7 Schweizer Bundesrat, Verordnung über die Reduktion der CO_2-Emissionen (CO_2-Verordnung) vom 30. November 2012 (Stand am 1. Januar 2014), 641.711, Art. 48, www.fedlex.admin.ch/filestore/fedlex.data.admin.ch/eli/cc/2012/856/20140101/de/pdf-a/fedlex-data-admin-ch-eli-cc-2012-856-20140101-de-pdf-a.pdf (1. Dezember 2023)

8 Interpellation 15.3152 von René Imoberdorf, »Schliessung der Raffinerie im Wallis. Auswirkungen auf die CO_2-Bilanz«, 17. März 2015, www.parlament.ch/de/ratsbetrieb/suche-curia-vista/geschaeft?AffairId=20153152 (29. November 2023)

9 Eidgenössische Finanzkontrolle (EFK), »Evaluation der Lenkungswirkung des Emissionshandelssystems«, 11. Januar 2017, S. 24, 30, www.efk.admin.ch/

images/stories/efk_dokumente/publikationen/evaluationen/Evaluationen%20(51)/16393BE.pdf (29. November 2023)

10 Eidgenössisches Departement für Umwelt, Verkehr, Energie und Kommunikation UVEK, »Auftrag UREK-N: Nicht-energetische Treibhausgasemissionen in der Industrie«, 2. Februar 2021, www.parlament.ch/centers/documents/de/Bericht-BAFU-2021-02-02-d.pdf (7. Dezember 2023)

11 Bundesamt für Umwelt BAFU, »Emissionshandelssystem EHS. Ein Modul der Mitteilung des BAFU als Vollzugsbehörde zur CO_2-Verordnung«, Stand Dezember 2014, S. 21

12 Ebd., S. 29

13 cemsuisse, »Jahresbericht 2022«, Grafik »Energiesubstitutionsgrad durch alternative Brennstoffe in Prozent«, S. 29, www.cemsuisse.ch/jahresberichte (29. November 2023)

14 Guillaume Delacroix, Emmanuelle Picaud und Luc Martinon, »Derecho a contaminar: cómo una medida medioambiental se convirtió en un fiasco de miles de millones de euros«, in: *el Diario*, 30. Mai 2023, www.eldiario.es/sociedad/derecho-contaminar-medida-medioambiental-convirtio-fiasco-miles-millones-euros_1_10240066.html (29. November 2023)

15 Guillaume Delacroix, Emmanuelle Picaud und Luc Martinon, »Comment les entreprises polluantes ont transformé les quotas gratuits de CO_2 en un marché de plusieurs milliards d'euros«, in: *Le Monde*, 30. Mai 2023, www.lemonde.fr/planete/article/2023/05/30/comment-les-entreprises-polluantes-ont-transforme-les-quotas-gratuits-de-co-en-un-marche-de-plusieurs-milliards-d-euros_6175369_3244.html (29. November 2023)

Kapitel 5

1 Claus-Friedrich Laaser und Astrid Rosenschon, »Kieler Subventionsbericht 2020: Subventionen auf dem Vormarsch«, Kiel Institut für Weltwirtschaft, September 2020, S. 79, www.ifw-kiel.de/de/publikationen/kieler-subventionsbericht-2020-subventionen-auf-dem-vormarsch-27079 (29. November 2023)

2 Vigier, Nachhaltigkeitsstrategie Ausgabe 2021, »Dauerhafte Werte für Kunden, Partner und Mitarbeiter schaffen«, Mai 2021, S. 8, www.vigier.ch/sites/default/files/2022-07/220709_Vigier_Nachhaltigkeitsbericht_2021_16Seiten_D.pdf (29. November 2023)

3 *Focus online,* »RWE will von Klimaaktivisten 1,4 Mio. Euro Schadensersatz«, 18. Januar 2023, www.focus.de/panorama/welt/saftige-rechnung-klima-aktivistin-muss-rwe-1-4-mio-euro-nachzahlen_id_183386243.html (5. November 2023)

4 Holcim Schweiz, »Susteno, der ressourcenschonende Zement«, 21. September 2020, www.holcim.ch/de/susteno-der-ressourcenschonende-zement (5. November 2023)

5 Holcim Schweiz, »Zementwerk Eclépens erzeugt Strom aus Abwärme«, 9. Juli 2020, www.holcim.ch/de/zementwerk-eclepens-erzeugt-strom-aus-abwaerme (5. November 2023)

6 Holcim Schweiz, »Zementwerk Eclépens wird mit Solarstrom betrieben«, 7. Januar 2021, www.holcim.ch/de/zementwerk-eclepens-wird-elektrisch-betrieben (5. November 2023)

7 Zoom-Interview mit Michael Pahle, 20. Dezember 2022

8 Deutsches Umweltbundesamt, »Eisen und Stahl«, 30. März 2020, www.umweltbundesamt.de/eisen-stahl#hinweise-zum-recycling (7. Dezember 2023)

9 Pressemitteilung von VARO Energy Group (»VARO«) und Groupe E, »In Cressier (NE) wird die leistungsstärkste Freiflächensolaranlage der Schweiz errichtet«, 13. Januar 2022, www.groupe-e.ch/de/cressier-ne-wird-die-leistungsstaerkste-freiflaechensolaranlage-der-schweiz-errichtet (5. November 2023)

10 Bundesamt für Energie (BFE), »Energieperspektive 2050+. Zusammenfassung der wichtigsten Ergebnisse«, 26. November 2020, www.bfe.admin.ch/bfe/de/home/politik/energieperspektiven-2050-plus.html (29. November 2023)

11 Anina Ritscher, »Klimafinanzierung aus der Schweiz: gebrochene Versprechen«, in: *das Lamm*, 14. November 2022, www.daslamm.ch/klimafinanzierung-aus-der-schweiz-gebrochene-versprechen (29. November 2023)

12 Martin Läubli und Stefan Häne, »Insel wird überschwemmt – Bewohner klagen gegen Schweizer Konzern«, in: *Tages-Anzeiger*, 1. Februar 2023, www.tagesanzeiger.ch/inselbewohner-klagen-gegen-schweizer-weltkonzern-454242917253 (29. November 2023)

13 Zoom-Interview mit Tobias Schmidt, 20. Januar 2023

14 Schweizer Radio und Fernsehen (SRF), *Arena*, Sendung »Klimakatastrophe« vom 31. März 1995, www.srf.ch/play/tv/arena/video/klimakatastrophe?urn=urn:srf:video:2fc3077c-9b82-4197-a1b8-aed71fb1624c (7. Dezember 2023)

Kapitel 6

1 Schweizerische Eidgenossenschaft, Schweizer Emissionshandelsregister, »Abgabepflicht«, Verpflichtungsperiode 3-2021-2030, www.emissionsregistry.admin.ch/crweb/public/reporting/ve/period.action (14. Dezember 2023)

2 JURA Management AG, Jura-Cement-Fabriken AG, »Informationen CO_2«, www.juramaterials.ch/de/uns/standorte-kontakte/jura-cement-fabriken-ag/informationen-co2/co2zement.html (5. November 2023)

3 Zum Beispiel: Holcim Schweiz, Downloads, Preislisten Beton, »Holcim Preisliste Kies + Beton Zug & Schwyz ab 01.11.2022«, gültig ab 1. November 2022, www.holcimpartner.ch/de/downloads (23. November 2023)

4 Alex Tiefenbacher und Luca Mondgenast, »Preisüberwacher prüft: Zementfirmen Holcim und Ciments Vigier reichen wahrscheinlich nie angefallene Kosten weiter«, in: *das Lamm*, 20. Dezember 2023, www.daslamm.ch/preisueberwacher-prueft-zementfirmen-holcim-und-ciments-vigier-reichen-wahrscheinlich-nie-angefallene-kosten-weiter/ (23. Dezember 2023)

5 Bundesamt für Umwelt BAFU, »Emissionshandelssystem für Betreiber von Anlagen«, Abschnitt »Abgabe von Emissionsrechten für die jährlichen Emissionen«, letzte Änderung 13. September 2023, www.bafu.admin.ch/bafu/de/home/themen/klima/fachinformationen/verminderungsmassnahmen/ehs/anlagen.html (29. Oktober 2023)

6 Europäische Kommission, »Zuteilung für Industrieanlagen«, Abschnitt »How free allocation is calculated«, 14. Juli 2021, https://climate.ec.europa.eu/eu-action/eu-emissions-trading-system-eu-ets/free-allocation/allocation-industrial-installations_de#how-free-allocation-is-calculated (5. November 2023)

7 Bundesamt für Umwelt BAFU, »Emissionshandelssystem für Betreiber von Anlagen«, Abschnitt »Marktstabilisierungs-Mechanismus«, letzte Änderung 13. September 2023, www.bafu.admin.ch/bafu/de/home/themen/klima/fachinformationen/verminderungsmassnahmen/ehs/anlagen.html (29. Oktober 2023)

8 Europäische Kommission, »Market Stability Reserve«, 14. Juli 2021, https://climate.ec.europa.eu/eu-action/eu-emissions-trading-system-eu-ets/market-stability-reserve_en (5. November 2023)

9 Abkommen zwischen der Schweizerischen Eidgenossenschaft und der Europäischen Union zur Verknüpfung ihrer jeweiligen Systeme für den Handel mit Treibhausgasemissionen, abgeschlossen am 23. November 2017 (Stand am 15. Dezember 2021)

10 International Carbon Action Partnership, »EU adopts landmark ETS reforms and new policies to meet 2030 target«, 3. Mai 2023, https://icapcarbonaction.com/en/news/eu-adopts-landmark-ets-reforms-and-new-policies-meet-2030-target (23. Dezember 2023)

11 Michael Bloss, »EU-CO_2- Handel: Einigung über Europas größten Klimahebel«, 18. Dezember 2022, https://michaelbloss.eu/de/presse/themenhintergrund/eu-co2-handel-einigung-ueber-europas-groessten-klimahebel?s=09, (5. November 2023)

12 Deutsches Umweltbundesamt, »Der EU-Emissionshandel wird umfassend reformiert«, 6. Juli 2023, www.umweltbundesamt.de/themen/der-eu-emissionshandel-wird-umfassend-reformiert, 27. November 2023)

13 Verordnung (EU) 2023/956 des Europäischen Parlaments und des Rates vom 10. Mai 2023 zur Schaffung eines CO_2-Grenzausgleichssystems, Art. 6 Abs. 2 und Anhang III, https://eur-lex.europa.eu/legal-content/DE/TXT/PDF/?uri=CELEX:32023R0956 (13. Dezember 2023)

14 Zoom-Interview mit Michael Pahle, 20. Dezember 2022

15 Zoom-Interview mit Sonja Peterson, 16. November 2022

16 Zoom-Interview mit Johanna Bocklet, 19. Dezember 2022

17 Our World in Data, »Mozambique: CO_2 Country Profile«, https://ourworldindata.org/co2/country/mozambique (7. November 2023)

18 Bundesamt für Umwelt BAFU, »Klima: Das Wichtigste in Kürze«, letzte Änderung 11. April 2023, www.bafu.admin.ch/bafu/de/home/themen/klima/inkuerze.html#-1439031040 (2. Dezember 2023)

19 Elizabeth Khumalo, »EU Carbon Border Adjustment Mechanism – Friend or foe for Mozambique Aluminium Exports«, in: Further Africa, 11. November 2022, https://furtherafrica.com/2022/11/11/eu-carbon-border-adjustment-mechanism-friend-or-foe-for-mozambique-aluminium-exports (7. November 2023)

20 Deutsches Umweltbundesamt, »Einführung eines CO_2-Grenzausgleichssystems (CBAM) in der EU«, Stand 6. Juli 2023, S. 3, www.umweltbundesamt.de/sites/default/files/medien/11850/publikationen/cbam_factsheet_de.pdf (7. November 2023)

21 Ebd., S. 3.

22 Pressemitteilung des Europäischen Parlaments, »Climate change: Deal on a more ambitious Emissions Trading System (ETS)«, 18. Dezember 2022, www.europarl.europa.eu/pdfs/news/expert/2022/12/press_release/20221212IPR64527/20221212IPR64527_en.pdf (13. Dezember 2023)

23 Carbon Market Watch, »Final deal on EU carbon market (ETS) gives heavy industry a free pass at the expense of households and taxpayers«, 18. Dezember 2022, https://carbonmarketwatch.org/2022/12/18/final-deal-on-eu-carbon-market-ets-gives-heavy-industry-a-free-pass-at-the-expense-of-households-and-taxpayers (23. November 2023)

24 Medienmitteilung des Bundesrats, »Bundesrat will den CO_2-Emissionshandel ohne Grenzabgaben weiterentwickeln«, 16. Juni 2023, www.admin.ch/gov/de/

start/dokumentation/medienmitteilungen.msg-id-95765.html (23. November 2023)

25 Schweizer Bundesrat, »Auswirkungen von CO_2-Grenzausgleichsmechanismen auf die Schweiz. Bericht des Bundesrates in Erfüllung des Postulates 20.3933 APK-N vom 25. August 2020«, 16. Juni 2023, S. 31, 33, www.newsd.admin.ch/newsd/message/attachments/84215.pdf (28. November 2023)

26 Ebd., S. 4, 31

27 Medienmitteilung cemsuisse, »Bundesrat fördert die Abwanderung von Schlüsselindustrien für die Umsetzung der Klimapolitik«, 16. Juni 2023, www.cemsuisse.ch/app/uploads/2023/06/2023-06-16-Medienmitteilung-CBAM.pdf (5. November 2023)

28 Schweizer Bundesrat, »Auswirkungen von CO_2-Grenzausgleichsmechanismen auf die Schweiz. Bericht des Bundesrates in Erfüllung des Postulates 20.3933 APK-N vom 25. August 2020«

29 Ecoplan, »Vollzugskosten von CO_2-Grenzausgleichsmechanismen in der Schweiz. Vollzugskosten für den Staat und die Unternehmen«, 8. Mai 2023, S. 6, www.newsd.admin.ch/newsd/message/attachments/79660.pdf (23. November 2023)

Kapitel 7

1 Holger Holzer, »So können Elektroautofahrer mit ihrem Auto Geld verdienen«, in: *Handelsblatt*, 4. Oktober 2021, www.handelsblatt.com/mobilitaet/elektromobilitaet/emissionshandel-so-koennen-elektroautofahrer-mit-ihrem-auto-geld-verdienen/27674940.html?ticket=ST-2554119-Mf2fyLaMfLWVasecrJ3P-ap1 (16. Dezember 2023)

2 Vicki Duscha, Tobias Fleiter, Matthias Rehfeldt und Frank Sensfuss, »Vermeidungskostenkurven für das Europäische Emissionshandelssystem (EU ETS). Abschlussbericht«, Climate Change 07/2022, im Auftrag des Deutschen Umweltbundesamtes, Februar 2022, www.umweltbundesamt.de/sites/default/files/medien/479/publikationen/cc_07-2022_vermeidungskostenkurven_fuer_das_europaeische_emissionshandelssystem.pdf (23. Dezember 2023)

3 Bundesversammlung der Schweizerischen Eidgenossenschaft, Bundesgesetz über die Reduktion der CO_2-Emissionen (CO_2-Gesetz) vom 23. Dezember 2011 (Stand am 1. Januar 2022), Art. 17 Absatz 2, www.fedlex.admin.ch/eli/cc/2012/855/de (23. November 2023)

4 Bundesamt für Umwelt BAFU, Abteilung Klima, »Faktenblatt: EHR-Kontoverwaltung«, 21. September 2022, S. 14, www.bafu.admin.ch/dam/bafu/de/dokumente/klima/fachinfo-daten/Faktenblatt_EHR_Kontoverwaltung.pdf.download.pdf/Faktenblatt-EHR-Kontoverwaltung.pdf (28. November 2023)

5 Compensators, www.compensators.org (7. November 2023)

Chronik (vgl. S. 187)

1 Michael Gillenwater und Stephen Seres, »The Clean Development Mechanism. A Review of the First International Offset Program«, Pew Center on Global Climate Change, März 2011, S. 6, www.c2es.org/document/the-clean-development-mechanism-a-review-of-the-first-international-offset-program/ (23. Dezember 2023)

2 United States Environmental Protection Agency, »Acid Rain Program«, www.epa.gov/acidrain/acid-rain-program (23. Dezember 2023)

3 United Nations Climate Change, »What is the Kyoto Protocol?«, https://unfccc.int/kyoto_protocol (23. Dezember 2023)

4 Medienmitteilung des Eidgenössischen Departements für Umwelt, Verkehr, Energie und Kommunikation UVEK, »CO_2-Gesetz tritt in Kraft«, 5. April 2023, www.admin.ch/gov/de/start/dokumentation/medienmitteilungen.msg-id-2426.html (23. Dezember 2023)

5 Pressemitteilung der Europäischen Kommission, »Europäische Union ratifiziert Kyoto-Protokoll«, 31. Mai 2002, https://ec.europa.eu/commission/presscorner/detail/de/IP_02_794 (23. Dezember 2023)

6 Medienmitteilung des Bundesamts für Umwelt BAFU, »Beitritt der Schweiz zum Kyoto-Protokoll vollzogen«, 9. Juli 2003, www.admin.ch/gov/de/start/dokumentation/medienmitteilungen.msg-id-1650.html (23. Dezember 2023)

7 Rechtsinformationssystem des Bundes, »Bundesgesetzblatt Nr. BGBl. I Nr. 46/2004: Emissionszertifikategesetz – EZG«, www.ris.bka.gv.at/eli/bgbl/I/2004/46 (23. Dezember 2023)

8 Deutsche Emissionshandelsstelle DEHSt,»Gesetz zum Emissionshandel in Kraft. Aktuelle Liste der Unternehmen veröffentlicht«, 15. Juli 2004, www.dehst.de/SharedDocs/pressemitteilungen/DE/2004-065_Gesetz_zum_Emissionshandel-in_Kraft_Aktuelle_Liste_der_Unternehmen_veroeffentlicht.html (23. Dezember 2023)

9 Deutsches Umweltbundesamt, »Kyoto-Protokoll«, 25. Juli 2013, www.umweltbundesamt.de/themen/klima-energie/internationale-eu-klimapolitik/kyoto-protokoll (23. Dezember 2023)

10 Europäische Kommission, »EU-Emissionshandelssystem (EU-EHS). Phasen 1 und 2 (2005–2012)«, https://climate.ec.europa.eu/eu-action/eu-emissions-trading-system-eu-ets/development-eu-ets-2005-2020_de (23. Dezember 2023)

11 Deutsches Umweltbundesamt, »Der Europäische Emissionshandel«, www.umweltbundesamt.de/daten/klima/der-europaeische-emissionshandel (23. Dezember 2023); Österreichische Emissionshandelsregisterstelle, »Grundlagen Emissionshandel«, www.emissionshandelsregister.at/emissionshandel/grundlagenemissionshandel (23. Dezember 2023)

12 Medienmitteilung des Eidgenössischen Departements für Umwelt, Verkehr, Energie und Kommunikation UVEK, »CO_2-Abgabe auf Brennstoffe wird auf Januar 2008 eingeführt«, 28. Juni 2007, www.admin.ch/gov/de/start/dokumentation/medienmitteilungen.msg-id-13369.html (29. Oktober 2023); Medienmitteilung des Bundesamts für Umwelt BAFU, »CO_2-Emissionen aus Brennstoffen 2020 wenig gesunken: Abgabe steigt per 2022 automatisch«, 7. Juli 2021, www.admin.ch/gov/de/start/dokumentation/medienmitteilungen.msg-id-84335.html (29. Oktober 2023)

13 Eidgenössisches Departement für auswärtige Angelegenheiten EDA, Direktion für europäische Angelegenheiten DEA, »Emissionshandel«, Juni 2013, www.news.admin.ch/NSBSubscriber/message/attachments/31204.pdf (21. Dezember 2023)

14 United Nations Climate Change, »Essential Background – Durban outcomes«, https://unfccc.int/process/conferences/the-big-picture/milestones/outcomes-of-the-durban-conference (23. Dezember 2023)

15 *The Guardian*, »Canada pulls out of Kyoto protocol«, 13. Dezember 2011, www.theguardian.com/environment/2011/dec/13/canada-pulls-out-kyoto-protocol (23. Dezember 2023)

16 Europäisches Parlament, »Doha Amendment to the Kyoto Protocol«, 4. Juni 2015, www.europarl.europa.eu/EPRS/EPRS-AaG-559475-Doha-Agreement-Kyoto-Protocol-FINAL.pdf (23. Dezember 2023)

17 Bundesamt für Umwelt BAFU, »Emissionshandelssystem für Betreiber von Anlagen«, letzte Änderung 13. September 2023, www.bafu.admin.ch/bafu/de/home/themen/klima/fachinformationen/verminderungsmassnahmen/ehs/anlagen.html (29. Oktober 2023)

18 Swissinfo, »Tamoil-Raffinerie im Wallis hat den Ölhahn zugedreht«, 10. März 2015, www.swissinfo.ch/ger/alle-news-in-kuerze/tamoil-raffinerie-im-wallis-hat-den-oelhahn-zugedreht/41316324 (23. Dezember 2023)

19 Amtsblatt der Europäischen Union, »Übereinkommen von Paris. Übersetzung«, https://eur-lex.europa.eu/legal-content/DE/TXT/PDF/?uri=CELEX:22016A1019(01) (23. Dezember 2023)

20 EUR-Lex, »Übereinkommen von Paris – Rahmenübereinkommen der Vereinten Nationen über Klimaänderungen«, https://eur-lex.europa.eu/content/paris-agreement/paris-agreement.html?locale=de (23. Dezember 2023)

21 Deutsches Umweltbundesamt, »Übereinkommen von Paris«, 28. September 2023, www.umweltbundesamt.de/themen/klima-energie/internationale-eu-klimapolitik/uebereinkommen-von-paris (23. Dezember 2023)

22 Christoph Lenz, »Die Klimaschande von Visp«, in: *Das Magazin*, 23. Oktober 2020, https://interaktiv.tagesanzeiger.ch/2020/lonza-treibhausgas-leck (30. Oktober 2023)

23 Bundesamt für Umwelt BAFU, »Das Übereinkommen von Paris«, letzte Änderung 23. Juni 2023, www.bafu.admin.ch/bafu/de/home/themen/klima/fachinformationen/klima--internationales/das-uebereinkommen-von-paris.html#:~:text=Das%20%C3%9Cbereinkommen%20trat%20am%205,am%206.%20Oktober%202017%20ratifiziert (23. Dezember 2023)

24 Bundesamt für Umwelt BAFU, »Klima: Das Wichtigste in Kürze«, letzte Änderung 11. April 2023, www.bafu.admin.ch/bafu/de/home/themen/klima/inkuerze.html (2. Dezember 2023)

25 EUR-Lex, »Europäisches Klimagesetz«, https://eur-lex.europa.eu/eli/reg/2021/1119/oj?locale=de (23. Dezember 2023)

26 Deutsches Umweltbundesamt, »Klima- und Energiepolitik in der EU«, 28. September 2023, www.umweltbundesamt.de/themen/klima-energie/klima-energiepolitik-in-der-eu#fit-for-55 (23. Dezember 2023)

27 Bundesamt für Umwelt BAFU, »17. Newsletter CO_2-Kompensation in der Schweiz«, 1. Juni 2022, www.bafu.admin.ch/bafu/de/home/themen/klima/newsletter/kompensation/17-newsletter.html (23. Dezember 2023); Alex Tiefenbacher, »Neues CO_2-Gesetz: Das würde sich ändern«, in: *das Lamm*, 3. Februar 2022, https://daslamm.ch/neues-co2-gesetz-das-wurde-sich-andern/ (29. November 2023)

28 Bundesamt für Umwelt BAFU, »Netto-Null-Ziel 2050«, letzte Änderung 3. August 2023, www.bafu.admin.ch/bafu/de/home/themen/klima/fachinformationen/emissionsverminderung/verminderungsziele/ziel-2050.html (23. Dezember 2023)

29 Alex Tiefenbacher und Dominik Dusek, »Das CO_2-Gesetz: Was bisher geschah (1/3)«, 4. September 2023, https://daslamm.ch/das-co2-gesetz-was-bisher-geschah-1-3/ (23. Dezember 2023)

30 Deutsches Umweltbundesamt, »Der EU-Emissionshandel wird umfassend reformiert«, 6. Juli 2023, www.umweltbundesamt.de/themen/der-euemissionshandel-wird-umfassend-reformiert (27. November 2023)

31 Ebd.

Daten für alle EHS-Anlagen von 2013 bis 2020

Die Tabelle beinhaltet für alle EHS-Anlagen von 2013 bis 2020 die Emissionen und Gratiszuteilungen pro Jahr und über die gesamte Handelsperiode, die Bilanz der Gratiszuteilungen im Vergleich zur Abgabepflicht, die eingesetzten CER-Zertifikate sowie die geschätzte Anzahl Zertifikate in Reserve Ende 2020.
Die Bilanz der Gratiszuteilungen wird in Kapitel 2 thematisiert. Die CER-Zertifikate und die Emissionsrechte, die die EHS-Firmen Ende 2020 schätzungsweise noch in Reserve hatten, spielen bei den Berechnungen in Kapitel 4 eine wichtige Rolle.
Gratiszertifikate: ☐ Emission: ☐

Anlagenname	2013	2014	2015	2016	2017	2018	2019	2020	Total	Bilanz Gratis-zuteilung	Abge-gebene CER-Zerti-fikate	Geschätzte Zertifikate in Reserve Ende 2020
BASF Kaisten	28 289	31 959	31 513	31 063	30 608	30 148	29 685	29 216	**242 481**	−72 107	9433	0
	39 134	41 653	42 080	41 755	40 138	37 544	36 732	35 552	**314 588**			
Ciments Vigier Péry	512 053	505 070	498 024	490 905	483 718	476 459	469 133	461 730	**3 897 092**	−105 827	226 941	121 114
	537 805	511 191	521 398	503 050	514 998	470 987	472 572	470 918	**4 002 919**			
CIMO Monthey	99 334	97 980	96 613	95 232	93 837	92 429	91 008	89 572	**756 005**	−262 712	29 812	0
	148 215	93 007	107 011	150 894	151 976	133 586	118 339	115 689	**1 018 717**			
Constellium Valais Sierre-Chippis	10 224	10 084	9944	9802	9658	6125	6030	5935	**67 802**	13 869	1940	15 809
	8823	7504	7934	7441	6353	5751	5780	4347	**53 933**			
Constellium Valais, Steg	23 366	23 047	22 726	22 401	22 073	21 742	21 407	21 070	**177 832**	37 844	3554	41 398
	23 156	22 191	20 957	17 085	14 817	14 400	14 881	12 501	**139 988**			

Anlagenname	2013	2014	2015	2016	2017	2018	2019	2020	Total	Bilanz Gratis-zuteilung	Abgegebene CER-Zertifikate	Geschätzte Zertifikate in Reserve Ende 2020
Dottikon Exclusive Synthesis Dottikon	5717	5639	2730	2691	2652	2708	2619	1312	**26 068**	4268	1707	5975
	3702	2951	3068	3449	3304	2169	1790	1367	**21 800**			
DSM Nutritional Products, Sisseln	83 241	82 106	80 960	79 803	78 634	77 455	76 263	75 060	**633 522**	–77 104	22 167	0
	95 512	97 251	93 744	98 126	100 893	99 497	67 911	57 692	**710 626**			
ERZ Aubrugg Herzogenmühle	54 397	48 867	21 728	19 091	16 518	28 022	23 137	18 394	**230 154**	–32 806	0	0
	39 098	19 733	30 494	32 282	37 302	34 525	35 746	33 780	**262 960**			
ERZ Hagenholzstrasse	2962	1331	0	0	450	381	315	0	**5439**	2107	0	2107
	937	329	160	428	655	684	132	7	**3332**			
ERZ Josefstrasse	2763	2481	2207	1939	1677	1423	1175	934	**14 599**	–12 756	0	0
	3916	2167	2828	3504	3638	4161	3743	3398	**27 355**			
ERZ Regina-Kägi-Hof	366	82	73	0	56	189	156	62	**984**	–426	0	0
	44	69	24	98	321	357	148	349	**1410**			
ewb Energiezentrale Forsthaus Murtenstrasse	23 528	18 136	16 130	14 171	12 261	10 400	8588	6827	**110 041**	–472 523	26 215	0
	43 617	18 907	69 083	119 737	71 246	81 727	84 436	93 811	**582 564**			
F. Hoffmann-La Roche, Basel	35 251	34 770	34 285	33 795	33 300	32 801	32 296	31 787	**268 285**	52 468	0	52 468
	37 454	30 356	30 891	32 888	23 511	19 209	19 780	21 728	**215 817**			

Anlagenname	2013	2014	2015	2016	2017	2018	2019	2020	Total	Bilanz Gratis-zuteilung	Abgegebene CER-Zertifikate	Geschätzte Zertifikate in Reserve Ende 2020
Flughafen Zürich Flughafen Kloten	21 754	20 508	19 284	18 085	16 910	15 759	14 634	13 534	**140 468**	–67 838	9374	0
	30 600	23 036	25 013	26 251	24 896	23 916	29 333	25 261	**208 306**			
Flumroc Flums	38 356	38 332	31 238	30 769	30 296	29 820	29 340	28 856	**257 007**	–15 208	19 807	4599
	36 652	35 912	30 812	33 778	35 107	35 997	33 635	30 322	**272 215**			
Gemeinde Lausanne Heizwerk Bossons	Beitritt 2015		140	624	1004	196	74	199	**2237**	–2596	0	0
			219	1113	2069	477	218	737	**4833**			
Gemeinde Lausanne Heizwerk Malley	897	806	179	630	0	116	95	0	**2723**	–337	624	287
	1347	236	644	70	264	268	105	126	**3060**			
Gemeinde Lausanne, Heizwerk Pierre-de-Plan	30 214	27 142	24 137	21 206	18 349	15 564	12 851	10 216	**159 679**	–81 546	19 266	0
	37 665	28 327	29 430	27 068	27 561	30 266	30 038	30 870	**241 225**			
Gemeinde Lausanne, STEP	5012	8891	7908	6947	6011	5098	4210	3347	**47 424**	–23 768	2451	0
	6737	8073	8349	10 349	10 998	9636	8390	8660	**71 192**			
GETEC PARK Schweizerhalle	91 178	89 934	88 680	87 412	86 132	84 840	83 535	82 217	**693 928**	–65 379	34 169	0
	101 465	95 045	94 022	94 926	91 995	94 465	96 701	90 688	**759 307**			
GZM Extraktionswerk, Lyss	19 717	19 300	18 885	18 472	18 061	17 650	17 242	EHS-Austritt	**129 327**	12 594	446	13 040
	14 972	13 829	16 265	17 535	17 534	18 073	18 525		**116 733**			

Anlagenname	2013	2014	2015	2016	2017	2018	2019	2020	Total	Bilanz Gratis-zuteilung	Abgegebene CER-Zertifikate	Geschätzte Zertifikate in Reserve Ende 2020
Holcim Eclépens	489 193	482 163	475 083	467 943	460 748	453 496	446 188	438 820	**3 713 634**	536 828	195 050	731 878
	451 693	492 561	373 684	372 035	378 731	372 877	379 836	355 389	**3 176 806**			
Holcim Siggenthal	592 009	583 789	575 499	567 131	558 686	550 165	541 568	532 889	**4 501 736**	129 687	242 916	372 603
	569 854	578 242	533 693	576 549	554 525	527 374	507 450	524 362	**4 372 049**			
Holcim Untervaz	614 081	605 707	597 256	588 719	580 099	571 395	562 608	553 731	**4 673 596**	1 233 550	195 558	1 429 108
	436 624	454 556	377 403	427 795	454 534	436 159	412 539	440 436	**3 440 046**			
IWB Fernheiz-kraftwerk Volta Voltastrasse	34 728	31 197	27 743	24 375	30 479	25 880	21 397	17 046	**212 845**	–248 208	20 745	0
	78 420	56 242	60 855	65 624	68 091	46 943	45 279	39 599	**461 053**			
IWB fossile Heiz-kessel Hagenaustrasse	2126	2073	9953	13 130	7359	7189	7020	6852	**55 702**	–81 198	6159	0
	16 054	13 578	18 489	17 991	20 549	18 713	18 506	13 020	**136 900**			
IWB Heizwerk Bahnhof, Solo-thurnerstrasse	27 601	12 398	11 025	9687	12 328	10 458	8635	6865	**98 997**	–72 797	7729	0
	26 619	18 589	17 372	22 087	23 737	22 842	19 196	21 352	**171 794**			
IWB Heizwerk Rosenthal Maulbeerstrasse	5679	5354	5034	4721	7673	7152	6644	6146	**48 403**	–77 693	5673	0
	14 828	13 602	15 313	19 507	18 501	15 814	15 114	13 417	**126 096**			
Jura-Cement-Fabriken, Cornaux	158 889	156 723	154 536	152 327	150 097	147 845	145 571	143 274	**1 209 262**	–254 069	81 004	0
	180 226	213 127	194 549	189 922	158 724	189 205	204 415	133 163	**1 463 331**			

Anlagenname	2013	2014	2015	2016	2017	2018	2019	2020	Total	Bilanz Gratis-zuteilung	Abgegebene CER-Zertifikate	Geschätzte Zertifikate in Reserve Ende 2020
Jura-Cement-Fabriken, Wildegg	479 687	473 060	466 375	459 625	452 813	445 937	439 000	431 994	**3 648 491**	–249 624	217 943	0
	479 345	488 945	488 817	489 989	470 390	496 965	497 318	486 346	**3 898 115**			
Kalkfabrik Netstal, Netstal	78 581	77 509	76 428	75 336	74 233	73 119	71 994	70 858	**598 058**	124 593	20 012	144 605
	64 893	65 696	55 127	52 818	55 747	58 920	59 285	60 979	**473 465**			
Kimberly-Clark Niederbipp	18 543	18 160	17 780	17 400	17 022	16 644	16 268	15 893	**137 710**	45 563	5020	50 583
	8491	9975	11 216	12 500	11 436	11 921	13 065	13 543	**92 147**			
Lonza Visp	262 243	258 667	255 058	251 412	247 731	244 014	227 469	423 329	**2 169 923**	–1 220 665	131 877	0
	347 676	326 073	336 686	373 781	373 555	366 296	367 850	898 671	**3 390 588**			
Model AG Niedergösgen	13 218	12 971	12 724	12 477	12 230	11 983	11 737	11 490	**98 830**	39 170	1802	40 972
	14 910	5390	8132	6606	4768	5733	6934	7187	**59 660**			
Model AG Weinfelden	11 968	11 805	11 640	11 474	11 306	11 136	10 965	10 792	**91 086**	36 669	1543	38 212
	6261	6381	6987	6999	7018	7155	6832	6784	**54 417**			
Novelis Fonderie Sierre	15 375	15 165	14 954	14 740	14 524	14 306	14 086	13 864	**117 014**	–26 735	834	0
	16 063	17 138	17 235	17 747	18 436	19 380	20 327	17 423	**143 749**			
Novelis Laminoirs, Sierre	10 778	13 892	14 781	14 570	14 357	14 141	13 924	13 704	**110 147**	–15 230	2675	0
	13 402	14 964	16 554	17 491	17 296	15 633	15 941	14 096	**125 377**			
Perlen Papier Perlen	167 533	165 249	162 943	160 614	158 263	155 888	153 491	151 069	**1 275 050**	1 008 438	11 441	1 019 879
	86 339	83 156	35 907	20 895	12 893	9727	9749	7946	**266 612**			
Schweizer Zucker AG, Aarberg	24 412	24 079	23 743	23 404	23 061	22 715	22 366	22 013	**185 793**	–57 616	5450	0
	27 695	34 783	28 480	26 970	32 221	29 390	33 628	30 242	**243 409**			

Anlagenname	2013	2014	2015	2016	2017	2018	2019	2020	Total	Bilanz Gratiszuteilung	Abgegebene CER-Zertifikate	Geschätzte Zertifikate in Reserve Ende 2020
Schweizer Zucker AG, Frauenfeld	28 285	27 900	27 510	27 117	26 720	26 319	25 915	25 506	**215 272**	–45 894	5710	0
	27 125	39 289	28 283	27 799	34 892	31 771	36 667	35 340	**261 166**			
Siegfried Evionnaz SA Evionnaz	5597	5521	5444	5366	5287	5208	5128	5047	**42 598**	–15 282	1699	0
	7292	7231	7047	6954	7398	7197	7866	6895	**57 880**			
SI Group Pratteln	21 644	21 349	21 051	20 751	20 447	20 140	19 830	19 517	**164 729**	–39 954	13 333	0
	24 143	23 080	24 935	27 382	25 807	25 857	26 746	26 733	**204 683**			
SIG Wärmekraftwerk, Lignon	37 080	33 311	29 623	26 026	22 519	19 101	15 772	12 539	**195 971**	–106 922	13 690	0
	46 453	34 315	36 340	36 654	34 770	36 055	39 587	38 719	**302 893**			
Stahl Gerlafingen AG, Gerlafingen	102 304	100 901	99 484	98 054	96 609	95 151	93 680	92 194	**778 377**	4320	20 000	24 320
	94 113	97 366	92 500	87 734	98 221	99 404	102 036	102 683	**774 057**			
Steeltec AG Emmenbrücke	71 178	70 189	69 192	68 185	67 169	66 144	65 110	64 066	**541 233**	62 664	30 810	93 474
	62 637	65 399	63 396	62 921	64 318	63 696	48 814	47 388	**478 569**			
Tamoil, Raffinerie Collombey	396 620	391 212	385 754	95 060	Schließung der Anlage Mitte 2015				**1 268 646**	–76 576	60 535	0
	565 912	640 087	139 223	0					**1 345 222**			
Transitgas Station Ruswil	67 740	30 427	54 115	47 546	10 285	17 448	14 406	11 453	**253 420**	–2113	11 499	9386
	24 242	48 983	44 305	19 902	27 004	28 098	33 601	29 398	**255 533**			
Utzenstorf Papier, Utzenstorf	66 822	65 910	64 991	64 062	63 124	Konkurs			**324 909**	115 797	4685	120 482
	44 057	43 010	41 691	41 734	38 620				**209 112**			

Anlagenname	2013	2014	2015	2016	2017	2018	2019	2020	Total	Bilanz Gratis-zuteilung	Abge-gebene CER-Zerti-fikate	Geschätzte Zertifikate in Reserve Ende 2020
Valorec, Kessel-	25 466	24 830	11 443	11 210	10 976	10 320	5081	5001	**104 327**	46 100	17 351	63 451
haus Klybeck	13 132	8959	7631	8044	7079	5074	3694	4614	**58 227**			
Valorec	52 470	51 754	51 032	50 303	49 566	48 822	48 072	47 313	**399 332**	18 096	17 237	35 333
RSMVA	55 772	47 282	47 580	46 308	47 136	43 651	50 109	43 398	**381 236**			
Valorec	13 743	13 555			EHS-Austritt Ende 2016				**27 298**	13 069	11 136	24 205
St. Johann	10 778	1669	1145	637					**14 229**			
VARO Refining	318 137	313 788	309 399	304 966	300 490	295 970	291 409	286 801	**2 420 960**	–527 143	132 665	0
Cressier	384 969	348 568	325 303	390 622	383 242	396 253	363 529	355 617	**2 948 103**			
Vetropack	32 557	32 113	31 665	31 212	30 755	30 294	29 828	29 357	**247 781**	–20 926	12 500	0
St-Prex	41 847	33 563	34 127	30 053	31 513	33 441	32 746	31 417	**268 707**			
Weidmann Electrical Technology	9132	9007	8882	8755	8626	8497	8366	8234	**69 499**	8929	1323	10 252
Rapperswil	8953	6993	8004	8296	7606	6762	7090	6866	**60 570**			
Ziegler Papier	21 540	21 246	20 949	20 650	Konkurs				**84 385**	179	3725	3904
Grellingen	28 637	28 425	22 477	4667					**84 206**			
ZZ Wancor,	37 048	22 871	36 033	7227	34 998	34 473	33 942	33 406	**239 998**	32 645	11 815	44 460
Bürglen	20 410	26 007	10 220	34 544	33 119	30 859	28 742	23 452	**207 353**			
Total	5 402 626	5 252 310	5 146 506	4 740 613	4 542 785	4 410 675	4 301 263	4 391 331	**38 188 109**	–852 131	1 931 050	4 513 904
	5 510 716	5 444 991	4 665 132	4 773 384	4 701 453	4 576 860	4 493 426	4 874 278	**39 040 240**			

Chronik

1970er, 1980er Jahre	Erste Entwicklungen zum Handel mit Emissionsrechten in den USA, basierend auf einem Offset-Mechanismus im Clean Air Act von 1977: Ein Unternehmen konnte eigene Emissionen erhöhen, wenn es einem anderen Unternehmen eine umfangreichere Emissionsverminderung desselben Schadstoffs bezahlte.[1]
1990	Einführung eines ersten nationalen Emissionshandelssystems in den USA unter dem Namen Acid Rain Program[2] auf der Grundlage des im selben Jahr angepassten Clean Air Act: Handel mit Rechten für Schwefeldioxid und Stickoxiden zur Bekämpfung des sauren Regens; Start der ersten Handelsphase 1995
1.–11. Dez. 1997	UN-Klimakonferenz in Kyoto, Japan: Verabschiedung des Kyoto-Protokolls[3] mit verbindlichen Reduktionszielen für die Treibhausgasemissionen der Industriestaaten für die erste Verpflichtungsperiode von 2008 bis 2012; Einführung des Handels mit Kompensationszertifikaten zwischen Staaten mit bzw. ohne verbindliche Reduktionsziele durch die sogenannten »flexiblen Mechanismen«; Vorgabe für die Schweiz und die EU: Reduktion der Treibhausgasemissionen von 2008 bis 2012 um im Schnitt 8 Prozent auf 92 Prozent gegenüber 1990
1. Mai 2000	Schweizerisches Bundesgesetz über die Reduktion der CO_2-Emissionen (CO_2-Gesetz) tritt in Kraft.[4]
31. Mai 2002	EU ratifiziert das Kyoto-Protokoll.[5]
9. Juli 2003	Schweiz ratifiziert das Kyoto-Protokoll.[6]
13. Okt. 2003	Richtlinie 2003/87/EG (Emissionshandelsrichtlinie) schafft ein System für den Handel mit Treibhausgasemissionszertifikaten in der EU.
30. April 2004	In Österreich tritt das Emissionszertifikategesetz zur Umsetzung der EU-Emissionshandelsrichtlinie in Kraft.[7]
15. Juli 2004	In Deutschland tritt das Treibhausgas-Emissionshandelsgesetz zur Umsetzung der EU-Emissionshandelsrichtlinie in Kraft.[8]

16. Feb. 2005	Kyoto-Protokoll tritt in Kraft.
	Die USA ratifiziert das Protokoll als einziger Industriestaat nie.[9]
2005	Start des Emissionshandelssystems der Europäischen Union für Treibhausgasemissionen aus der fossilen Energieproduktion und der Schwerindustrie;[10] erstes grenzüberschreitendes und bisher weltweit größtes EHS
2005–2007	Erste Handelsperiode EU-EHS, Pilotphase[11]
1. Jan. 2008	Einführung der CO_2-Lenkungsabgabe für Emissionen aus fossilen Brennstoffen in der Schweiz; kontinuierliche Erhöhung der Abgabe von 12 Franken (2008) auf 120 Franken (2022)[12]
2008–2012	Erste Verpflichtungsperiode für Industriestaaten zur Reduktion von Treibhausgasemissionen nach dem Kyoto-Protokoll
	Start des Schweizer Emissionshandelssystems;[13] die Regeln unterschieden sich noch deutlich von der heutigen Ausgestaltung; weltweit kleinstes EHS
	Zweite Handelsperiode EU-EHS
28. Nov. – 11. Dez. 2011	UN-Klimakonferenz in Durban, Südafrika: Vertragsstaaten des Kyoto-Protokolls einigen sich grundsätzlich auf eine Fortführung des Protokolls; für die Zeit ab 2020 soll ein neues Vertragssystem erarbeitet werden.[14]
13. Dez. 2011	Kanada tritt aus dem Kyoto-Protokoll aus.[15]
26. Nov. – 8. Dez. 2012	UN-Klimakonferenz in Doha, Katar: Verlängerung des Kyoto-Protokolls mit einer zweiten Verpflichtungsperiode von 2013 bis 2020[16]
2013	Start des Schweizer Emissionshandelssystems in seiner heutigen Form für Emissionen aus der fossilen Energieproduktion und der Schwerindustrie in Anlehnung an die Regeln des EU-EHS[17]
2013–2020	Dritte Handelsperiode EU-EHS, erste Handelsperiode Schweizer EHS
März 2015	Schließung der Erdölraffinerie Tamoil in Collombey, Kanton Wallis,[18] und Flutung des Schweizer EHS-Marktes mit Emissionszertifikaten

30. Nov. – 12. Dez. 2015 UN-Klimakonferenz in Paris, Frankreich: Verabschiedung des Übereinkommens von Paris als rechtlich bindendes Instrument; Begrenzung des Temperaturanstiegs auf deutlich unter 2 °C über dem vorindustriellen Niveau, Anstrengungen zur Begrenzung auf 1,5 °C; Festlegung gemeinsamer Grundsätze zur schrittweisen Reduktion der globalen Treibhausgasemissionen erstmals für alle Staaten ab 2020[19]

5. Okt. 2016 EU ratifiziert das Übereinkommen von Paris.[20]

4. Nov. 2016 Übereinkommen von Paris (Pariser Klimaabkommen) tritt in Kraft.[21]

26. April 2017 Entdeckung des Lecks am Standort Visp des Schweizer Chemiekonzerns Lonza, bei dem schon seit Jahren Lachgas mit einem Treibhauseffekt von 600 000 Tonnen CO_2 pro Jahr austrat[22]

6. Okt. 2017 Schweiz ratifiziert das Übereinkommen von Paris[23]

2020 Pariser Klimaabkommen löst das Kyoto-Protokoll ab.

Schweizer Emissionshandelssystem wird mit dem europäischen EHS verknüpft.

13. Juni 2021 Totalrevision des Schweizer CO_2-Gesetzes wird durch die Stimmbevölkerung abgelehnt. Die Revision hätte das Zwischenziel einer Senkung der Treibhausgasemissionen um 50 Prozent gegenüber 1990 bis ins Jahr 2030 gesetzlich verankert.[24]

29. Juli 2021 Europäisches Klimagesetz tritt in Kraft: Ziel Klimaneutralität der EU bis 2050; verbindliches Zwischenziel der Emissionsverminderung bis 2030 um mindestens 55 Prozent gegenüber dem Stand von 1990[25]

14. Juli und 15. Dez. 2021 »Fit-for-55-Paket«: Europäische Kommission veröffentlicht das Maßnahmenpaket zur Erreichung der neuen Klimaziele.[26]

2021–2030 Vierte Handelsperiode EU-EHS, zweite Handelsperiode Schweizer EHS

1. Jan. 2022 Schweizer CO_2-Übergangsgesetz tritt in Kraft: Weiterführung der bestehenden Instrumente zur Verminderung der Treibhausgasemissionen bis Ende 2024 und erstmalige Zulassung von ausländischen Kompensationsprojekten für die Erfüllung der nationalen Klimaziele[27]

18. Juni 2023	Annahme des Klima- und Innovationsgesetzes (Klimaschutzgesetz) durch die Schweizer Stimmbevölkerung: Verankerung des Netto-Null-Ziels bis 2050 und mehrerer Zwischenziele in der Schweizer Gesetzgebung[28]
Ab Sept. 2023	Beratungen im Parlament zur Revision des Schweizer CO_2-Gesetzes für die Zeit nach 2024[29]
Ab Ende 2023	Schrittweise Reform des europäischen Emissionshandelssystems als Teil des »Fit-for-55-Pakets«;[30] unter anderem Einführung des CO_2-Grenzausgleichsmechanismus mit vollständiger Umsetzung bis 2034
2027	Geplante Einführung eines neuen Emissionshandelssystems für Gebäude, Straßenverkehr und zusätzliche Sektoren in der EU als Teil des »Fit-for-55-Pakets«[31]

Dank

Das vorliegende Buch basiert auf einer Artikelserie, die Anfang 2023 beim Onlinemagazin *das Lamm* erschienen ist. Ohne die vielen Menschen, die *das Lamm* mit einem Solidaritätsabo unterstützen, wäre das nicht möglich gewesen.

Zudem wurde die Investigativrecherche vom Peter Hans Hofschneider Recherchepreis für Wissenschafts- und Medizinjournalismus der Stiftung Experimentelle Biomedizin unterstützt. Der Preis wird in Zusammenarbeit mit dem Netzwerk Recherche vergeben.

Stiftung
Experimentelle Biomedizin

Die Überarbeitung zur nun vorliegenden Version in Buchform wurde vom Recherchierfonds des Schweizer Klubs für Wissenschaftsjournalismus und von der Paul Schiller Stiftung, Zürich, mitfinanziert.

Ein besonderer Dank geht zudem an Natalia Widla, Maria-Theres Schuler, Ayse Turcan, Tony Behrendt, Philip Tschiemer und alle anderen, die uns mit ihren Inputs und Feedbacks immer wieder aufs Neue ermutigt und vorwärts gebracht haben. Aber auch an Mirella Mahlstein, Patrizia Grab und Christiane Schmidt, die uns auf Verlagsseite tatkräftig unterstützt haben. Und schließlich an die Mitarbeitenden des Bundesamts für Umwelt (BAFU) und die vielen Wissenschaftler:innen, die unsere zahlreichen Fragen geduldig beantwortet haben.